JN107002

「桶狭間の戦い」の真実

—今川義元・氏真の終焉の地／その後の今川宗家—

梅垣 牧

文芸社

はじめに

下関に住んでいるころ、京都に住んでいた父が亡くなりました。数年がたったある日、母から父の形見分けとして相伝の掛け軸が二幅送られてきました。どのようなことが書いてあるのか、誰が書いたものなのか、私にはさっぱり判りません。

ある日、梅光女学院大学（現・梅光学院大学）の倉本昭先生の講演会があり参加しました。先生のお話が終わった後、質疑応答の時間が設けられました。

大方の質疑応答が終わり、最後に厚かましくも相伝の掛け軸のことを質問しましたら、「後日、学校の方へ持ってきてください」とおっしゃいました。

他日、掛け軸を持ってお伺いして、見ていただきました。

その上、何時書かれたものなのかも尋ねましたら、昔の暦の読み方を教えてくださいました。干支と十二支を組合せ六十年たったら元に戻ります。掛け軸に書かれている癸丑《みずのとうし》の日は「江戸時代初期では、慶長十八（一六一三）年や寛文十二（一六七三）年が当たります」と教えてくださいました。このことを参考にして、永正十六（一五一九）年に生まれた今川義元が、九十四歳の時に書いた書であると判明したことは、私の下関時代の大きな成果でした。このことは後章で詳述させていただきます。

平成十一（一九九九）年、夫が名古屋の大学に移りました。名古屋市の東の日進市に住むことになりました。

昔、「桶狭間の戦い」があった場所から北北西へ十数キロ程のところです。ここを拠点にして調べ始めました。

まず手始めに、昔、曽祖父たちが先祖代々住職を勤めていた福井県敦賀市の願浄寺に行き、住職様にお会いし、過去の住職様のことを教えてくださいとお願いしましたら、過去帳をコピーしてくださいました。

父の先々代までがこの寺に住んでいたことはわかっていましたが、今川義元の縁の人物が住職をしていたこともわかりました。

願浄寺の住職であった兵衛《ひょうえ》の父が亡くなり、その葬儀に参列した今川家二十三代当主で高家旗本であった今川範叙《のりのぶ》（一八二九～一八八七）は、自分の後継者である嫡男の淑人《よしと》が病弱で余命いくばくもないことを心配していたところでしたので、家督を願浄寺の僧をしていた兵衛に託すことにしました。

兵衛は還俗して二十四代今川になり、願浄寺の前の屋敷に住みました。その兵衛が病に倒れると、まだ成人していない子の吉之助が二十五代今川の家督を継ぎました。そして近くに住んでいた人の娘が躾親《しつけおや》として今川家に入籍されました。ところが、その娘の親が今川家に代々伝わる土地などの権利証を持ち出したのです。

吉之助は成長し、彦根小町といわれていた若松とみと駆け落ち同然の体で、京都の鹿ケ谷《ししがたに》に所帯を持ち、明治四十（一九〇七）年に新吉が生まれました。

兄弟姉妹は何人かいたそうですが、女の子は肺結核で亡くなったそうです。

吉之助は娘を若くして亡くし、失意の内に「敦賀（福井県）に家があるから帰りたい」と言いながら思いを果たせず、五十九歳で他界しました。そして長男の新吉が家督を継ぎました。新吉の弟は第二次世界大戦に出兵し、パプアニューギニアのブーゲンビル島で戦死したそうです。

新吉は子供のころは悪戯坊主で、土手から落ちて足の骨を折りました。医者からギブスを着けなくてはいけないと言われていましたが、自由に動きたくて痛むのを我慢してギブスを使用しなかったので、右足首から下がくねったようになりました。

二十九歳で服部タケと結婚した新吉は、健全な身体ではなかったので、徴兵されることはありませんでした。戦争中は町内会の世話役をしていました。太平洋戦争後、民法の親族、相続の規定が改正され、家督制度はなくなりました。新吉は三十九歳まで今川の家督を継いでいたそうです。

それから私は、あらゆる機会を見つけて名古屋近辺や静岡県に何度か通い、歴史を愛好されている方や通行人の方々にも多くの話を聞き、案内をしてもらったりしました。夫の出張中には留守番を子供に託し、東京の今川氏の菩提寺である観泉寺や長延寺、国会図書館へも行きました。

京都の大徳寺でいただいてきた『大徳寺の名宝 曝涼品《ばくりょうひん》図録』にある牧谿《もっけい》筆「観音猿鶴図《かんのんえんかくず》」（国宝）は、足利義満蔵有の後、今川義元の手に渡り、臨済寺へ渡り、さらに臨済寺の太原崇孚《たいげんそうふ》（太原雪斎《せっさい》）和尚より義元の意を体して大徳寺に寄贈されたと書かれていました。

静岡市に行き今川家の墓所として創建された臨済寺を訪ねますと、『大龍山臨済寺の歴史』（臨済寺研究会著）という本を紹介してくださり購入してきました。

境内の「今川公廟」に行きますと、冠木門《かぶきもん》で区切った中にもお墓を立てる人がおり、今川義元の父の氏親や兄の氏輝の墓に向かって左側上方にまで墓が立ち並んでいたのには驚きました。

この本を書くにあたっては、実際に現地に行き見たり聞いたりしたことや、父の形見分けに母から下関に送られて来た二幅の相伝の掛け軸を読み解き、今川家と観泉寺の本や、国会図書館で調べて来たこと、長福寺の近くにお住いの郷土史研究家・梶野渡氏の指導での「桶狭間の戦いを学ぶ勉強会」で学んだことや『徳川御実紀』や、第一回角川春樹小説賞特別賞受賞作の『義元謀殺』（鈴木英治著）の中のプロローグ、NHK大河ドラマのナレーション、長延寺で撮ってきた墓石の写真や臨済寺誌、高徳院での墓前霊前祭に参加してわかったこと等を参考にしました。

また多くの文献の中で織田信長の家臣・柴田勝家に仕えていた太田牛一が著した『信長公記《しんちょうこうき》』は、著者が桶狭間の戦いに従軍した経験を思い出して書かれた文章で、桶狭間の戦いを書いたどの本より信憑性が高いとされています。この本を読み鎌倉街道を歩いてみて、戦いのあった場所を決定づけることが出来ました。

愛知県西尾市駒場町にある東向寺は、今川義元の叔父とされる徳順上人が住職をしていた寺で、桶狭間の戦いの戦死者の墓が五基立てられていて、さらに山道の傍には洞窟の中で顎鬚を長く伸ばした男性が座っている石像が立てられています。この像が今川義元を表していると思われます。墓の前に白い菊の花が供えられていましたが、ここにも同じ白菊が供えてありました。

これらを参考にして、私が一番正しいと信じたことを、これから書いていきます。

梅垣　牧

目次

第一章　今川家の発祥

これから本題に入りますが、年表形式で述べていきます。

五十六代・清和天皇の皇子・貞純《さだずみ》親王の皇子・経基《つねもと》が、清和天皇から「源」の姓を賜りました。その五代後、義家の四男・義国の長男・義重が「新田」を名乗りました。そして次男の義康が「足利」を経承しました。

義康の三代後の長男・長氏《おさうじ》が、庶流となり三河国幡豆《はず》郡一円の吉良《きら》の荘を得て、「吉良」と名乗りました。長氏から二代目の次男・国氏《くにうじ》が幡豆郡の今川荘（愛知県西尾市今川町）を扶持として与えられました。地名にちなみ、国氏が「今川」と称することになりました。

初代・国氏、二代・基氏、三代・範国《のりくに》、四代・範氏、五代・泰範、六代・範政、七代・範忠、八代・義忠、九代・氏親《うじちか》、十代・氏輝、十一代・義元、十二代・氏真、十三代・直房《なおふさ》、十四代・氏堯《うじなり》、十五代・氏睦《うじみち》、十六代・範高、十七代・範主、十八代・範彦、十九代・義泰、二十代・義彰《よしあき》、二十一代・義《よし》用《もち》、二十二代・義順《よしより》、二十三代・範叙《のりのぶ》、二十四代・兵衛、二十五代・吉之助、二十六代・新吉と、今川の家督を代々継いできました。これから本題に入っていきます。

（一）今川氏親の時代

文明三（一四七一）年

八代・今川義忠と北川殿の間に竜王丸（後の氏親）が生まれました。

文明八（一四七六）年 竜王丸五歳

義忠は「塩買坂の戦い」で戦死してしまいました。

足利幕府は、後継者として竜王丸を立てることを承認していましたが、五歳の子供が政務を行うことは無理なので、竜王丸が成人するまでの間、小鹿《おしか》（新五郎）範満《のりみつ》が家督代行をすることになりました。

文明十七（一四八五）年 竜王丸十四歳

小鹿範満は竜王丸が成人しても家督を返さなかったため、北条早雲は焼津の石脇城で竜王丸に心を寄せる武将たちと相談をしました。

文明十九（一四八七）年 竜王丸十六歳

北条早雲らは時期を見計らい、十一月九日、今川氏の本拠である駿府の今川館（静岡市葵区）を急襲し、小鹿範満を殺しました。家督を取り戻した竜王丸は元服し、氏親（九代）と改名しました。

北条早雲は、家督を取り戻した恩賞として、氏親から興国寺城と富士下方十二郷を与えられ、興国寺城を居城としました。

明応二（一四九三）年 氏親二十二歳

このころ今川氏親は、駿河・遠江《とおとうみ》両国を領有し、三河も過半はその旗下に治めましたが、西三河はいうまでもなく、東三河の国士どもが、ややもすれば今川を去って松平長親に従おうとしているのに大いに驚き、氏親に所属している北条早雲を将として、一万余の兵を引き連れて長親を攻めました。

明応三（一四九四）年 氏親二十三歳

遠江中央部（中遠）に勢力を持っていた原氏と戦い勝利しました。

牧野成時に馬見塚（現在の豊橋市）の築城を命じました。

文亀元（一五〇一）年 氏親三十歳

遠江西部から三河まで攻め戦いました。

永正元（一五〇四）年 氏親三十三歳

足利政氏・上杉顕定の軍と武蔵立河原で戦い、北条早雲から戦法の手解きを受けました。

永正二（一五〇五）年 氏親三十四歳

氏親は中御門宣胤《なかみかどのぶたね》の娘を妻に迎え、修理大夫と称しました。

永正三（一五〇六）年 氏親三十五歳

庶兄・太郎親永（長）が籠っていた岩津の城に攻め囲みました。

松平長親はこれを救おうと安祥より馳せ参じ岩津の後詰めをして戦いましたが、北条早雲はこの大軍を追い払いました。

永正五（一五〇八）年 氏親三十七歳

北条早雲と共に三河遠征をし、今橋城を攻略しました。

この後は、北条早雲と別行動をとるようになりました。氏親はこれまで北条早雲の戦う様子を見て戦法を学んできましたが、これからは氏親が先頭に立って戦うようになりました。

永正七（一五一〇）年～永正九（一五一二）年

尾張守護の斯波《しば》氏と激しく戦い、勝利することが出来ました。

永正十（一五一三）年 氏親四十二歳

氏親の長男竜王丸（後の氏輝）が誕生しました。

永正十三（一五一六）年 氏親四十五歳

曳馬《ひきうま》城の大河内氏を滅ぼし遠江を平定。駿河・遠江二カ国の大名として地歩を固めました。

永正十四（一五一七）年 氏親四十六歳

側室福島氏の娘との間に三男・玄広恵探《げんこうえたん》が誕生しました。

永正十五（一五一八）年 氏親四十七歳

引間城に拠る尾張守護・期波義達を攻め破りました。

遠江国相良荘の検地を行いました。
四男・象耳泉奘《しょうじせんじょう》が誕生しました。

永正十六(一五一九)年 氏親四十八歳

氏親と中御門宣胤の娘との間に、五男・芳菊丸《ほうぎくまる》(後の義元)が誕生しました。

永正一七(一五二〇)年 氏親四十九歳

遠江国笠原荘、遠江国羽淵領家方の検地を行いました。

大永元(一五二一)年 氏親五十歳

六男・氏豊が誕生しました。

大永四(一五二四)年 氏親五十三歳

遠江国宇刈郷、遠江箇蒲東方の検地を行いました。
これらのことにより、氏親は戦国大名に移行していったといわれています。

大永五(一五二五)年 氏親五十四歳

竜王丸が十三歳で元服。五郎氏輝と命名され、従五位下上総介に任じられました。

大永六年（一五二六年）氏親五十五歳

四月『今川仮名目録』全文三十三ヶ条からなる分国法（戦国家法）を制定しました。六月二十三日、氏親は逝去しました。

晩年は中風を患っていて、氏親の政務を妻の寿桂尼（妻の名前は不明。氏親が亡くなってからの呼称を使用しています）が代行していました。

七月二日増善寺で氏親の葬儀が盛大に行われ、「増善寺殿喬山貴公大禅定門」と諡号《しごう》されました。

（二）今川氏輝の時代

大永六（一五二六）年 氏輝十四歳

氏親の死後、家督を長男の氏輝が十四歳の年に継ぎました。

氏輝は若年で病弱でもあり、政務を行うことは無理があり、九月二十六日から生母の寿桂尼が発給文書を出していました。

大永八（一五二八）年 氏輝十六歳

氏輝は三月二十八日より発給文書を出し始め、約半年間氏輝の発給文書が見られます。

十月十八日からは寿桂尼の発給文書が見られ、氏輝の発給文書は見られません。

享禄五（一五三二）年 氏輝二十歳

四月二十一日、氏輝は再び文書を発給するようになりました。

天文三（一五三四）年 氏輝二十二歳

七月十三日、馬廻衆を創設し氏輝の権力強化策とされました。

駿河の東部にまで今川氏の力が及ぶようになり、駿東郡で独自の力を維持していた葛山城に拠る国人領主の葛山氏が今川氏への服属を表明するようになりました。

天文四（一五三五）年 氏輝二十三歳

五月二十日、駿府の善得院で琴渓承舜の七回忌の仏事が営まれました。九英承菊《きゅうえいしょうぎく》（太原雪斎）は、今川氏親の重臣の庵原政盛《いはらまさもり》の子として生まれ、駿府国富士郡の善徳寺に入り琴渓承舜から教えを受けていました。

七月五日、今川氏の勢力伸張に脅威の念を抱いた甲斐の武田信虎が出陣。同二十七日、氏輝が出陣し万沢口にて合戦になりました。

八月二十日、相模より北条氏綱兄弟父子一万にて出陣。同二十三日、都留郡主小山田衆（武田被官）終日合戦をして未の刻に終わりました。

武田信虎は関東の扇谷《おうぎがやつ》の上杉朝興《ともおき》と連絡を取り、留守になった小田原城を狙わせていました。

本拠地の小田原城が危ないということで北条氏は引き返し、小田原城に戻りました。

天文五（一五三六）年 氏輝二十四歳

三月十七日、氏輝は二十四歳の若さで病死しました。法名は「臨済寺殿用山恵玄居士」と謚号されました。

この法名にちなんで　氏輝の菩提寺として臨済寺が建立され、開山に太原雪斎の師である京の妙心寺の大休《だいきゅう》宗休《そうきゅう》がなりました。

氏輝が亡くなった同じ日にすぐ下の弟・彦五郎も死亡しましたが、今川家の過去帳には載っていません。

（三）太原雪斎と芳菊丸の教育時代

少し遡ります。

永正六（一五〇九）年　九英承菊十四歳

今川氏の譜代の重臣・庵原政盛の子として生まれた九英承菊は、京都建仁寺の常庵龍崇の手により剃髪され、十数年間建仁寺で修行を続けました。

大永三（一五二三）年 芳菊丸四歳

氏親が建仁寺で修行中の九英承菊に、五男・芳菊丸（後の義元）の教育係を依頼しました。

九英承菊は芳菊丸を連れて善得寺に入りました。芳菊丸はそこで喝食《かっしき》をすることになりました。

やがて九英承菊は芳菊丸を連れて京都に上り建仁寺で修行をしていましたが、建仁寺の禅に物足りなさを感じ、同じ臨済宗の妙心寺の門をたたき、芳菊丸と共に大休宗休の弟子になりました。

九英承菊は妙心寺滞在中に太原崇孚と名前を改めました。京都滞在中の芳菊丸は京都の様子を氏輝に報告していました。

修行を終えた太原崇孚と芳菊丸は駿府に戻り、亡祖母・北川殿（今川義忠夫人）の旧宅を改め善得院として住むことになりました。

享禄四（一五三一）年 芳菊丸十二歳

一月、芳菊丸は駿府に滞在中の建仁寺の常庵竜崇《じょうあんりゅうそう》により得度を受けて、梅岳承芳《せんがくしょうほう》の名を与えられました。

天文二（一五三三）年 梅岳承芳十五歳

建仁寺の護国院で修行をして、時には公家歌人・三条西実隆や連歌師・宗牧等と交わっていました。

天文五（一五三六）年 梅岳承芳十七歳

三月十七日、兄の氏輝が病死したことにより家督相続の問題が生じました。四男の象耳泉奘《しょうじせんじょう》はすでに仏門に入って僧侶になっていました。三男の玄広恵探《げんこうえたん》と五男の梅岳承芳（義元）が、家督継承に名乗りを上げました。

五月三日、足利義晴から梅岳承芳が家督を継ぐことを認める書状が届きました。（太原崇孚が足利家に連絡を取り、根回しをしていたとみられる）

五月二十四日、玄広恵探派と梅岳承芳派が駿府で合戦を始めました。

六月八日、小田原の北条氏綱の軍勢が駿府に攻め入り、玄広恵探派と戦いました。

六月十日、今川家重臣の岡部氏率いる大軍が玄広恵探派の拠点だった花倉城を攻めました。玄広恵探は防戦かなわず、裏山伝いに瀬戸谷に逃れて、普門寺で自刃して果てました。この戦いは「花倉の乱」と呼ばれています。

こうして栴岳承芳は還俗して、十二代将軍・足利義晴から「義」の字を与えられ、名を「義元」と改め今川家の家督を継ぎました。

太原崇孚は義元が家督を継ぐことが出来るよう、長男・氏輝と次男・彦五郎が同日に亡くなったことにかかわっていた可能性があると、NHKの「その時歴史は動いた」で放映されていました。

(四) 今川義元の時代

天文六(一五三七)年 義元十八歳

義元は甲斐の武田信虎(武田信玄の父)の娘を妻に迎えました。ここに、甲斐と駿河の「甲駿同盟」が成立しました。

小田原の北条氏綱が駿河の東部に侵攻してきました。義元の姉妹の一人が北条氏に嫁いでいましたが、北条氏には義元が武田信虎の娘を妻に迎えることを伝えていなかったので、北条氏の怒りを買い「河東一乱」が起こりました。

四月、北条氏綱と結んだ遠江見附城主・堀越氏延を攻め滅ぼしました。

天文七年（一五三八年）義元十九歳

義元室（竹田信虎の娘／定恵院殿）が身籠り、嫡男・竜王丸（後の氏真）が誕生しました。

義元の弟の氏豊は、尾張の今川家（今川那古野《なごや》氏）に幼いころ養子に入りました。

青年に育った氏豊は、那古野城（今川氏親築城）に織田信秀（織田信長の父）を招いて連歌会を一緒に楽しむような間柄でした。

信秀は連歌会が夜遅く迄行われると、那古野城内に泊まるほど懇意にしていたので、氏豊は連歌会で遅くなると泊まれるよう、信秀に別棟を建てて与えていました。

三月十一日、いつもと同じように信秀は那古野城を訪れましたが、急病と偽って家臣を城内に呼び込み、その夜城内で騒ぎを起こしました。それを合図に外で待機していた織田の家臣たちが城門を打ち破って那古野城に攻め入り、氏豊は城を守ることができずに、京に逃れました。

その後、信秀は、勝幡《しょばた》城から奪った那古野城に移り住みました。

天文八（一五三九）年 義元二十歳／竜王丸二歳

義元はこの年の始め、正五位下治部大輔に任ぜられました。

天文九（一五四〇）年 義元二十一歳／竜王丸三歳

十一月、三河の安祥《あんじょう》城を攻め、太原崇孚は本陣にいて全軍を指揮していました。

秋、駿河に逃亡していた松平広忠（徳川家康の父）に協力し、三河の岡崎城（愛知県岡崎市）への帰還を助けました。

このころから、正親町三条公兄《おおぎまちさんじょうきんえ》、正親町三条実福《さねとみ》、四辻季遠《よつつじすえとお》、中御門宣綱《なかみかどのぶつな》、中御門宣治《のぶはる》、中御門宣将《のぶまさ》、冷泉為益《れいぜいためます》、冷泉明融《みょうゆう》ら公卿が京より来駿し、歌会や蹴鞠などが行われており、竜王丸はこのような環境の中で育ち　少なからず感化を受けていました。

天文十（一五四一）年 義元二十二歳／竜王丸四歳

四月、太原崇孚が譲る形で、妙心寺系大応派の高僧・明叔慶浚《みんしゅくけいしゅん》が臨済寺の住持《じゅうじ》となりました。明叔慶浚はその後四年間程在住し、臨済寺に箔がつきました。

天文十二（一五四三）年 義元二十四歳／竜王丸六歳

太原崇孚は「太原雪斎」と改名しました。

六月、義元は義弟・武田晴信（信玄）の要請により、義父・武田信虎を駿府に退隠させました。

このころ竜王丸の妹（後の武田義信室）が生まれました。

三月十七日、氏輝の七回忌の法要が臨済寺で行われました。

織田信秀と三河小豆城で戦い、敗れました。

七月二十三日、禁裏《きんり》（御所）修理料として後奈良天皇に鳥目《ちょうもく》（銭）五万疋《ひき》を献上しました。


天文十四（一五四五）年 義元二十六歳／竜王丸八歳

七月、京の聖護院の道増《どうぞう》が駿府に来ました。

七月二十四日、義元は駿府を出発して、富士山麓の善得院に着陣しました。

八月十一日、武田信玄と善得院で会見しました。

八月二十二日、北条氏康と駿府狐橋で戦いました。

九月二十日、長久保城に出陣して北条勢を駆逐し、三河東部を回復しました。

十二月四日、武田信玄の斡旋により、関東管領の上杉憲政・今川義元・北条氏康等三人の誓紙が交換され、義元は失地の回復が出来ました。


天文十五（一五四六）年 義元二十七歳／竜王丸九歳

六月二日、公卿の三条西実澄《さんじょうにしさねき》と四辻季遠《よつつじすえとお》が、駿府の今川館を訪れました。

後奈良天皇は京の治安が定まらなくなってきたので、人目を忍んで駿府へ下向し、当分の間駿府でお過ごしになられました。

義元は天皇のために屋敷を建て、竜王丸（氏真）を天皇の世話係として傍に侍らせていました。

十一月、戸田宣成《のぶなり》の三河今橋城を攻略しました。その後吉田城を攻め落としました。

天文十六（一五四七）年 義元二十八歳／竜王丸十歳

九月五日、戸田尭光の三河田原城を攻め落としました。

広域検地は三河西部にまで及びました。

織田信秀は尾張から三河を併呑しようと頻《しき》りに謀をめぐらせていました。三河の武将が今川に猜疑心を持つように仕向け、その結果松平忠倫《ただとも》らが織田方に内応の志を持ち、信秀は大いに喜びました。それにより松平広忠の岡崎は孤城となって危険な状態になりました。国中大いに乱れて、明けても暮れても互いに争いは止むことはありませんでした。

広忠は家臣の筧重忠《かけいしげただ》に命じ、忠倫を暗殺しました。反逆の首長忠倫が討たれたので、岡崎方は大いに喜び、織田方は援助を失いました。

織田信秀は大いに怒り、それならば自ら大軍を引き連れて三河に出陣し、岡崎を攻め落とそうと用意を始めました。それを察した広忠は、自力で防備しようとしましたが、兵力が少なくとても対抗できる状態ではなかったため、義元へ援軍を頼みました。義元はその条件として、広忠の嫡男・竹千代（後の徳川家康）を要求。竹千代はわずか六歳で、駿府に人質として出されました。

竹千代には、石川與七郎数正・天野三之助康景・上田万五郎元次入道慶宗・金田與三右衛門正房・松平與市忠正・平岩七之助親吉・榊原平七郎忠正・江原孫三郎利全など広忠の家臣二十八人、雑兵五十余人が随行。また、阿部甚五郎正宣の子で当時六歳だった徳千代（後の阿部正勝）も竹千代の遊び相手として一緒に岡崎を発ちました。

三河田原城主・戸田弾正少弼康光は「陸地は敵地が多いので船で私の領地

より送りましょう」と騙し、竹千代一行を駿府ではなく尾張の熱田の加藤図書助順盛の元へ連行し、織田信秀に引き渡しました。

信秀は岡崎へ使いを立て、「竹千代は我が膝下に預かっている。今川から離反し、我が方へ降参せよ。もしそれが叶わないなら幼児の一命はいただく」と言ってきました。

広忠はその使いに対面して「愚息は織田方へ人質に送ったのではありません。今川の元へ送ろうとしていたのに、婚姻の誼を忘れた戸田（康光）が裏切り、途中で奪って尾張へ送ってしまいました。この広忠、一子の愛に引かれ、義元様の多年の旧好を変えることは出来ません。愚息の一命は、霧臺の思慮におまかせします」と返答。信秀もさすがに竹千代の父・広忠の義心に感じ入りました。

この事件の報告を受けた義元も、広忠の義心に感銘を受け、それならばと援兵を差し出し、三河小豆坂で織田勢と合戦となりました。

戸田康光は織田方へ内通しましたが、松平忠倫が討たれた後は、同志が漂落するのを憤っていました。自ら大明寺村に出陣し、あっけなく討たれてしまいました。

織田方はいよいよ大軍を率いて岡崎を攻めましたが、義元の援軍もあり敗退します。この時、武田晴信も義元を助けました。

天文十七（一五四八）年 義元二十九歳／竜王丸十一歳

三月一七日、今川氏輝の十三回忌の法要が駿府の臨済寺で行われました。

四月、妙心寺の大休宗休は、臨済寺の開山として義元に「秀峰宗哲《しゅうほうそうてつ》」の法号を与えました。

渥美郡大津郷（豊橋市老津）の大平寺領が新寄進という形で臨済寺に安堵され、寺領目録が検地の結果作成されました。

天文十八（一五四九）年 義元三十歳／竜王丸十二歳

七月十日、冷泉為和が駿府で亡くなりました。

今川義元は、岡崎の兵を加えて二万余騎を率いて織田信広（伸廣／織田信長の庶兄）が籠っている安祥城へ押し寄せ、本丸を残しその他二、三の丸まで攻め落としました。

今川方の総大将・太原雪斎の計らいで、信広と竹千代の人質交換が提案されました。織田信長は、庶兄・信広が安祥城で今川勢に囲まれて困窮していると聞き出陣しましたが、落城と聞いて引き返そうとするとき、今川の使者が来て人質交換を申し込まれ、喜んで受け入れました。

十一月十日、織田方が三河西部の笠寺まで送った竹千代を、大久保新八郎忠俊という岡崎譜代の将が出迎えて受け取り、信広を織田方へ引き渡し、無事人質交換が終わりました。八歳となった竹千代は、二年ぶりに無事岡崎へ帰還し、御家人はいうまでもなく、岡崎近郷の住民たちまでもその帰還を喜びました。

十一月二十二日、義元は後見を理由に、竹千代を駿府へ連れて行きました。

広域検地は西三河にまで及びました。

竜王丸は元服をして「氏真」と命名されました。

天文一九（一五五〇）年 義元三十一歳／氏真十三歳

六月二日、義元室（武田信虎の娘／法号・定恵院殿）が身籠りました。

天文二十一（一五五二）年 義元三十三歳／氏真十五歳

十一月二十七日、義元の娘と武田信玄の嫡男・武田義信の祝言が行われました。

天文二十二（一五五三）年 義元三十四歳／氏真十六歳

二月二十六日、義元は氏親が制定した『仮名目録』に二十一カ条を追加しました。

天文二十三（一五五四）年 義元三十五歳／氏真十七歳

北条氏康と戦い、後北条・武田・今川の三氏は和睦しました。

三月、北条氏康の娘を氏真の妻とする約束が成立しました。

北条氏康は今川領である駿河東部の用水不足に「知身引出」として、伊豆の水を千貫樋を通して送りました。

武田信玄の娘が北条氏政に嫁入りするとの約束が成立しました。

ここに今川（駿河）、武田（甲斐）、北条（相模）三強国の連盟「甲相駿三国同盟」が成立しました。

十一月、太原雪斎が駿府で『歴代序略』を刊行しました。


弘治元（一五五五）年 義元三十六歳／氏真十八歳

閏七月、第二次川中島の戦いに際し、義元は武田方に一宮出羽守を将とする援軍を送りました。

閏十月十日、義元の斡旋により 武田軍と上杉軍は講和を結びました。

同日、義元の軍師を務めていた太原雪斎が亡くなり、義元にとっては大きな痛手になりました。


弘治二（一五五六）年 義元三十七歳／氏真十九歳

正月十三日、氏真邸で和歌会が行われ、言継、三条西実澄などが加わりました。

正月十五日、十五歳となった竹千代に、義元により加冠の儀式が行われ、義元の一字を与えられて「次郎三郎元信」と改めました。松平元信（後の徳川家康）は元服をした夜、今川家の有力家臣・関口親永《ちかなが》の娘（瀬名／一五四二〜一五七九年）を妻として迎えました。この女性は駿河御前と呼ばれており、後に築山殿と呼ばれるようになりました。

元信は義元の許しを得て三河に出陣し、鈴木日向守重教《しげのり》の寺部《てらべ》城を攻めました。

元信はこの初陣において「敵はこの城だけではない。所々の敵城から後詰めをされたら由々しき事、先に枝葉を刈り取って後、本根を断つべし」と城下を放火して駿府へ引き上げました。

義元は、元信のこの初陣の振る舞いを賞して、所領の内山中三百貫の地を返し、腰刀を与えました。

二月、元信は義元に命じられ、尾張との国境に近い三河の日近《ひぢか》城を攻めるため、松平右京亮義春を差し向けましたが、城主・奥平久兵衛貞直の防戦に遭い、義春は討ち死にしました。

元信は、織田方から三河を侵略せよと、酒井、大久保らの御家人を福釜に布陣させ守らせました。

織田信長はこのことを聞き、柴田修理亮勝家を将として攻めさせましたが、勝家は深手を負って退却しました。

義元は、大いに元信の御家人らの武勇に感じ入りました。

元信は義元に対面して、「私は十五歳になりましたが、まだ本国の祖先の墳墓にお参りに行っておりません。お願いですから一度故郷に帰って祖先の墓の掃除をして亡父（広忠）の法事を行い、故郷に残してきた古老の家人へも対面をしたいと思います」と願い出ました。

義元はその志はもっともなことだと、しばらくの間故郷へ帰ることを許し、元信は大層喜んで三河へ向かいました。

元信は先祖の墓へ詣で、追善供養も営みました。

その時岡崎城には、今川方の山田新左衛門景隆《かげたか》が城代として本丸に住んでいましたので、「自分はまだ若い」と山田景隆にそのまま本丸を譲り、元信は二の丸で生活をしていました。

後にこのことを聞いた義元は、分別の厚き青年だと感心しました。

先代・松平広忠からの御家人で今は八十を過ぎた老人である鳥井伊賀守忠吉は、今川の命を受け岡崎で賦税《ふぜい》を司っていましたが、今川の目を盗んで、こっそり糧米や金銭を倉に蓄えていました。

元信の帰国を臣下が喜ぶ中、鳥井忠吉は元信の手を取り、年々積み置いた倉庫の米金を見せ、「近国で戦う時のため、このように軍糧を蓄えています」と言うと、元信は涙を流してその志に感謝しました。義元は三河を平定するため諸方の交戦に元信の家人を駆り立てており、このために死する者が多くいたのです。

弘治三（一五五七）年 義元三十八歳／氏真二十歳

一月、義元は嫡男・氏真に家督を譲りました。

松平元信は「松平元康」に改名しました。

義元は前年より三河の再検地を行い、増し分が多く生じました。年貢米の他に金・銀の採掘により今川家の財政を豊かにしていました。

弘治四（一五五八）年 義元三十九歳／氏真二十一歳

三月、築山殿は駿府で男の子を生み、三郎信康と命名されました。

※この後、元康（後の家康）の嫡男・信康は、互いに九歳で信長の娘・徳姫と結婚します。しかし信康と徳姫の間には女子しか生まれず、世継ぎの誕生を焦った築山殿は、今川出身の自分にとっては親戚筋になる武田家の家臣・浅原昌時や日向時昌の娘を信康の側室として迎えます。このことが信長に不信感を与え、武田が敵対勢力となった天正七（一五七九）年、武田勝頼に内通した疑いをかけられます。盟友になっていたとはいえ、その当時の力関係は歴然としており、信長の圧力に屈する形で、元康は正室・築山殿の殺害と、世継ぎである信康の切腹を命じるしかありませんでした（築山殿事件）。元康はその後、正室を娶ることはありませんでした。

第二章　桶狭間の戦い——織田信長と今川義元

松平元康は、織田方に抱えられている広瀬・拳母《ころも》・伊保等の城を攻め、石ヶ瀬川にて水野下野守信元と戦いました。「軍令指揮その機を得て生知の雄略」と古老の輩は感服していました。

このころ岡崎の松平の家臣たちは義元に対し、「元康様はすでに一人前になっておられるので、岡崎に帰城させたい。ついては岡崎に置かれている城代そのほか数人を引き取り、所領をお返しくださいませんか」と請いました。しかし義元は、「近々尾張へ軍を出す予定であるので、三河にも赴き、境目を検査して所領を引き渡す予定だ。それまでは預かっておこう」と答えたのです。そう言われてしまった岡崎の家臣たちはどうしようもなく、密かに憂憤してむなしく月日を送っていました。

少し本題から脱線して、義元を始め氏真や元康の将来に関わる事柄やエピソード、義元の戦いへの事前準備について書いておきます。

義元は余所者《よそもの》を決して家臣にしませんでした。明智光秀は今川家の家臣になりたくて、母親と一緒に駿府へ赴き、今川屋敷の門前で御館様（義元）に会わせてもらいたいと懇願しましたが、門前払いでした。それでも頑張って三日三晩座り込んで嘆願しましたが、それでも聞き入れてはもらえませんでした。元康は、このことを家臣から聞いて知っていました。

義元は元康を、氏真の腹心の家臣として立派に育ててゆこうと考え、元康を臨済寺に入れて教育を授けていました。元康は今川家での人質時代に教育されたこと以外にも、周囲の人たちの話や行動、臨済寺での体験などで多くのことを知ることが出来ました。特に幕府を開くことが出来るのは源氏一族の特権であり、誰でもが力や金で開けるものではないことも知りました。このことは元康の将来にとって大きな収穫になりました。

天文十五（一五四六）年ころ、京の世情は穏やかではありませんでした。後奈良天皇はそんな京から離れて、しばらくの間駿府で過ごされるようになりました。駿府に来られた天皇のために　義元は屋敷を建て、鄭重に持てなしました。天皇を持てなすのはまだ幼い氏真の役目でした。この時の氏真と天皇の交流、天皇のお世話をしたことが、後に京に向かった氏真にとって大きな後ろ盾になりました。

織田信長は忍びの者を使って今川の情勢を探ったり、噂の情報やデマを駿府方面に流したりしていました。

織田方から離れて今川方についた戸部新左衛門政直は、今川方についたふりをして本当は信長との絆は強いと言うデマを、義元の耳に入るように細工をして駿府方面へ流しました。義元はその噂を信じ、戸部新左衛門政直に駿府へ来るように命じておいて、途中にある三河の今橋で殺害しました。

同じく、織田から今川に寝返った鳴海城の城主・山口佐馬助教継《のりつぐ》とその子・九郎二郎教吉の場合、義元は信長の謀略だと悟り、まんまと乗せられたふりをしました。褒美を与えると義元から駿府へ呼び寄せられた山口父子は、最後の宿泊地である藤枝を出て、鞠子《まりこ》の里へ昼過ぎに入ろうとしました。するとその時、突然十数名の武装をした兵に捕らえられて連行されたのです。山口父子は、義元の名を受けた三浦備後の厳しい問責を受けたのち、常岳寺の祠に幽閉されました。食事は朝と夜の二回運ばれてきました。そんな日がしばらくの間続きました。

ある日の事、朝食をすますと間もなく外がざわつき雨戸が開け放たれました。甲冑を身に着け、面頬《めんぼお》を着けた四人の武士が「さあ出られい」と繰り返し命じ、「これから大守（義元）がお会いになる」と言い、本堂の脇を通り、石畳の上を歩き、境内を抜け、小さな山門をくぐって長い階段を下りると、道の中央に二挺の立派な駕籠が置かれていました。

山口父子は、背を押されるように駕籠に乗り込みました。鞠子に出るなら直進ですが途中道を左に折れました。山口父子はそれに気付きませんでした。駕籠の両脇を固めていた六名の山口の家臣は変だなと感じましたが、深くは考えませんでした。円形の墓地に入り降りるよう促がされ、一悶着のあと、教継は脇腹から胸にかけて斬り付けられ即死。教吉も付き添いの家臣も、ものの二分とかからぬ間に斬殺されてしまいました。

甲冑を身に着け面頬を着けた武士の一人は終わってホッとして深い息をした時、鋭い視線を感じました。梢《こずえ》を見上げましたが何も見えません。気のせいだったのかと死体を穴に埋めて手を合わせ、来た道を引き上げて行きました。

その時木の上では、織田方の忍びの者が、身を潜めて一部始終を見ていました。しかし彼らは埋められた死体を確かめることはしませんでした。永禄二（一五五九）年正月七日、明るい午後の出来事でした。

※戸部政直や、山口父子のことは、第一回角川春樹小説賞特別賞受賞作の鈴木英治『義元謀殺』を参考にしました。小説ですが、それなりに根拠があって書かれた作品だと判断しました。現に豊明市の二村山《ふたむらやま》を通る鎌倉街道の傍らに、中央に高い人形一体と低い人形が一体、脇の方に六体の木彫りの人形が入っている祠が建てられています。これは二村山の麓にお住まいの横山三吉氏がお建てになりました。お話をお伺いしたいと訪ねましたが、御高齢

で病院に入院しておられ、お会いすることは出来ませんでした。

今川義元は、織田信長の陰謀に二度も騙されることはありませんでした。このことは尾張で織田信長と一戦を交える際に、今川義元が長福寺（愛知県名古屋市）を本陣にして先陣や本隊からの戦勝報告を待ち、山口教継が義元の影武者になり、塗輿《ぬりごし》に乗って二万五千人の兵を引き連れ、鎌倉街道を通り鳴海城に向かうための前哨戦だったのです。

義元は足利の世（室町幕府）がしっかりと定まらなくなってきたことを心配していました。自分が京に上って足利将軍を支えようと考えていたか、源義元として天皇から征夷大将軍の任命を受け、自らが幕府を開こうと考えていたかのいずれかです。

私は、後者の気持ちが強かったのではないかと考えています。

義元は太原雪斎を通して、京の妙心寺に牧渓《もっけい》筆「観音猿鶴図」と五百貫文のどちらがよいかと尋ねました。妙心寺では山門を造営する計画があり、資金を調達していたところでしたので、五百貫文を所望しました。そして三幅の牧渓の絵は大徳寺に持っていき寄進しました（現在この絵は、国宝に指定されています）。

大金と名画を京の二つの有力な禅寺へ寄進したということは、上洛する心積もりがあり、その時のための布石であったと考えられます。そして義元は、尾張へと出陣する二～三年前に家督を氏真に継承させています。自分が京においで首尾よく幕府を開いたとしたら、再び駿府に帰って政務を行うことはないと考えていたと思われます。

話を元に戻します。

永禄三（一五六〇）年 義元四十二歳／氏真二十二歳

五月八日、義元は三河守となり、氏真は従五位下治部大輔となりました。

このころには、駿府の政務は氏真が全て行っていました。

織田信長は、父・信秀の箕裘《ききゅう》を継ぎ、兵を強くして国を富ます謀をめぐらして、美濃・伊勢を服従させ、さらに駿河・遠江・三河の三国を横領しようと、今川方の最前線の城である鳴海城（名古屋市緑区）の近辺所々に砦を備え、兵を留め置いていました。

これを知った義元は大いに怒り、それならばこちらから攻め戦わんと一大決心を実行に移そうとしていました。

この年、義元は、大兵を起こして尾張の織田信長を攻亡し、京に打って上ろうとして国境所々にまず新しい砦を構えました。最前線にある大高城は、妹婿の鵜殿《うどの》長持の息子・長照に守らせました。

織田方はこれに対抗し、今川方の大高城を囲むように砦を築き、丹下砦は水野帯刀・山口海老丞・柘植玄蕃、善照寺の砦は佐久間左京、中島の砦は梶川平左衛門、鷲津の砦は飯尾近江守・同隠岐守、丸根の砦は佐久間大学を配して防御の備えとし、そのほか寺部、挙母、広瀬の三城をも取り立て、大高の通路を遮ってしまいました。

義元が向かった街道は、遠い昔から多くの人たちが通った道です。建久三

(一一九二)年、源頼朝が征夷大将軍になり鎌倉に幕府を開いたころから鎌倉街道と呼ばれるようになりました。

五月十日、義元はいよいよ駿府から出陣することになりました。まずは松平元康率いる先陣と小荷駄隊が出発しました。実は本物の義元は、この先陣と共に出発していたのです。

五月十二日、義元の影武者となった山口教継が塗輿に乗り(教継は五十歳を少し越えていたので長時間の乗馬は無理なので塗輿が用意されていました)、二万五千人の本隊を引き連れて鎌倉街道を鳴海城(名古屋市緑区)目指して出発しました。鳴海城は義元によって謀殺された(とみせかけた)山口教継の居城でした。山口親子謀殺事件の後、今川の重臣・岡部元信がこの城を守っていました。

五月十三日、本隊は掛川城(静岡県掛川市)まで進みました。

五月十四日、本隊は曳馬《ひきうま》城(静岡県浜松市)へ着きました。

五月十五日、本隊は三河の吉田城(愛知県豊橋市)へ入りました。

五月十六日、本隊は岡崎城（愛知県岡崎市）へ到着しました。

五月十七日、本隊は池鯉鮒《ちりゅう》（愛知県知立《ちりゅう》市）に到着しました。

五月十八日、本隊は沓掛《くつかけ》城（愛知県豊明市）へ入城しました。

五月十九日朝、本隊は少しゆっくり目に出発して二村山（愛知県豊明市）を越え、鳴海城を目指していました。鳴海城で岡部元信と合流し、兵を休ませる手筈であったと考えられます。

一方、二日間早く出発して小荷駄隊の指揮をしていた松平元康には、毛皮で身を保護した本物の今川義元が同行していました。

元康隊は沓掛城へは寄らずに、長福寺（名古屋市緑区）へ向かいました。義元は長福寺を本陣にして、ここで戦勝報告を待つことにしていました。

ここで義元と別れた元康率いる小荷駄隊は、大高城を目指して前進していました。当時、織田方の砦に囲まれ、補給路を断たれた大高城では、城中の糧食が乏しくなり、飢餓状態になりつつありました。義元はどうにかして大高城中に食糧を送り込もうと思い家臣を集め評議しました。しかし、この難しい仕事を引き受ける者は一人もいませんでした。そんななかこの使命を引き受けたのが弱冠十八歳の松平元康だったのです。

元康は、荷物を背負わせた馬千二百駄を大高城の二丁余町（約二百メートル）に待機させ、松平左馬介親俊、酒井與四郎正親、石川與七郎数正らを別動隊とし、大高城周辺の織田方の砦を攻めさせました。大高城を包囲していた織田方の兵たちはこれに驚き、大高城を捨て置いて、味方の砦の救援に駆けつけました。その隙に元康は、まんまと大量の兵糧を大高城に入れることができたのです。

その後城に戻った鷲津、丸根の城兵たちは、謀《はか》られたのを悔やみましたが甲斐がありません。

岡崎を出るとき、酒井正親、石川数正等の老臣たちは強くこの出陣を止めましたが、元康はそれを一向に聞き入れず、どのようにしてこの一大事を成し遂げるつもりかと聞かれても、ただ笑っているだけでした。

『徳川御実紀』には次のような元康の言葉が記されています。

「ただ大高に兵糧を入れることのみ思えば、丸根、鷲津その他の城兵共、みな大高に馳せ参じ妨げようとするだろう。ゆえに両城に押し寄せ敵兵を謀り欺き城外へ誘い出し、その隙に乗じて糧を入れるのだ」

そして「近きを捨て遠きを攻める、兵法の常にして、必ずしも奇とするに足らず」という元康の言葉に、家臣たちはみな感嘆し、「今の御弱齢にしてこのように軍略に通じておられるとは天晴《あっぱれ》、末頼もしいことだ」と感心したといいます。これが元康第一の手柄となりました。

大高の城の危機を見事に救った元康は、義元より「西三河は御舊（旧）領であるから御心のままに攻め取り給え」という言葉をもらい、寺部、梅坪、広瀬、挙母、伊保等の城々を攻め取り、勲功のあった者に分け与えました。

元康の武略が優れていることを知った家臣たちは、「竜馬の種が竜馬を生むとは、元康君のことだ」と誉め称えたのでした。

五月十九日未明、先発した松平元康は織田方の丸根砦を攻略し落としました。朝方には、朝比奈泰朝が同じく鷲津砦を攻撃して落としました。

五月十九日朝、元康と別れた義元の一行は長福寺で旅の疲れを癒すため寛いでおり、朝から長福寺の住職と僧侶、近従の松井宗信や茶坊主の林阿弥たちと茶の湯を嗜みながら、戦勝報告を待っていました。

一方、偵察隊から今川軍は鎌倉街道を西に向かって行軍しており五月十九日に二村山を通るとの報告を受けた信長は、策略を考えました。それが二村山での奇襲作戦だったのです。

その明け方、信長は、待機していた熱田神宮で「敦盛」を舞います。

「人間五十年　下天の内をくらぶれば　夢幻の如くなり　一度生を得て滅せぬ者のあるべきか……」

そして「法螺を吹け、具足をよこせ」と命じ、具足を装着しながら飯を食し、出陣しました。

義元の影武者となった山口教継の乗る輿と共に進む今川の本隊は、ゆっくりとした時刻に沓掛城を出発し、鎌倉街道の二村山の山上で昼食休憩を取りました。山上からは、織田方の陣地、善照寺砦の様子がよく見えました。昼食休憩が終わり、影武者の本隊は鳴海城目指して出発しました。

信長は熱田よりかみ道を苦労して馬で駆け、丹下の砦に行き、さらに善照寺砦に寄ると、今川方を油断させるため、砦に多くの兵が残っていると思わせるためにに旗をたくさん立てました。そうしておいて人数を揃え、三百余りで相原郷から平手を通り、二村山の北側から回り込み、鎌倉街道の峠（道路が交差していて源頼朝の歌碑が立っています）にさしかかると、急に暗雲が垂れ込め叢雨《むらさめ》になりました。今川方には正面から、織田方には背後から降りかかってきます。沓掛の峠の松の元にある楠が雷で大音響をたてて倒れました。

あまりのことに「熱田大明神の神軍か」と信長は言ったそうです。

雨が止み、空が晴れてくると、両軍による激しい戦いが繰り広げられました。急に襲われた今川軍は、戦闘の態勢が取れていません。その上山越えの途中のことで、軍列が細長く連なっているという悪条件が重なり、今川軍は劣勢を余儀なくされました。

　義元の影武者となっていた山口教継も、輿から降りて敵と戦いました。教継の周りの味方の兵は斬られ、服部小平太が今川義元（本当は山口教継）に斬りかかりました。影武者の義元は膝の口を斬られて倒れ、毛利新介がその首を取りました。

　信長が二村山の戦いで家臣たちに指揮しているところへ、簗田《やなだ》出羽守政綱が駆けつけ、「今川義元は今、長福寺で戦勝報告を待ちながら坊主どもと茶事をしています」と急報しました。

　これを聞いた信長は、いち早く精鋭の家臣を連れて二村山から南の方角に駆け下り、武路（この時信長と武者たちが通った道を土地の人たちが武路と言った）を通り長福寺へと急進しました。

　途中大池の北東で瀬名氏俊が守っている瀬名陣所で一騒ぎの斬り合いがありました。瀬名の兵たちは役目を果たさんがため懸命に戦いましたが、信長の精鋭部隊に斬り殺されてしまいました。

そのまま信長たちは長福寺へ急ぎました。

長福寺で茶事をしていた義元たちは、瀬名陣所での騒ぎにいち早く気付きました。土地鑑がある者が義元に、「裏山の向こう側の奥深くにたくさんの洞窟がありますから、その中に隠れてください」と促しました。

義元は一瞬躊躇しましたが、意を決して長福寺から脱出しました。

しばらくして信長たちが長福寺へ駈け込んできました。

長福寺の門前を護衛している兵たちと信長の精鋭部隊による激しい戦いが始まりました。長福寺の門前には夥《おびただ》しい死体が転がり、大量の血が土を赤く染め、見るも無残な有様でした。その血の跡はいつまでも消えなかったそうです。

信長たちは門前の守備を突破して、寺の中へ入って行きました。

中では義元の近従の松井宗信や茶坊主の林阿弥と長福寺の僧侶たちが茶事をしていました。信長たちが中まで入って来ると、武器を手に戦いましたが、皆すぐ斬り殺されたり、突き殺されたりしました。生き残ったのは長福寺の僧侶と、茶坊主の林阿弥だけでした。

信長は、この僧侶たちの立会いの下で、義元の首実検を行いました。長福寺の境内には今も、この首実検の石柱が立っています。

義元に裏山の向こう側の洞窟に逃げるように勧めた僧侶たちは、心の中で松井宗信に対して申し訳なく思いましたが、松井宗信の首を義元だと証言しました。それを信じた信長は、義元に仕立て上げられた松井宗信の首を掲げ、胴体を担ぎ、意気揚々と清州へと引き上げて行きました。

二村山やその麓では、多くの兵が亡くなり見るも無残な有様でした。曹源寺の僧、二世・快翁龍喜《かいおうりゅうき》和尚は、これを哀れに思い、転がっている死体を集めて手厚く葬り、「千人塚」を作って供養しました。

駿府から二村山までの一週間は、義元の計画通り事が進んでいます。昔の大川には橋が架かっていなかったため、川が増水して足止めをされることもあったのではないかと疑問に思って調べてみましたら、舟を並べた舟橋を渡っている江戸時代の浮世絵を見て、成る程と感心し納得しました。おそらく義元の時代にも同じ方法で大川を渡っていたのでしょう。

それにしても、今川義元が西へ向かって大軍を進ませたのは何故なのでしょうか。織田信長と戦って領土を広げるためだったのでしょうか。

信長と戦うことが目的なら、こんな大軍を引き連れて出陣することにはならなかったはずです。

京の足利幕府が揺らいでいたので幕府を支えようと考えていたか、それとも義元自身が天皇から征夷大将軍の位を賜り、幕府を開いて兵権と政権を掌握しようと考えていたか、そのどちらかです。

その証左に、弘治三（一五五七）年に、すでに家督を氏真に継がせています。

その上、京の大徳寺に三幅の名画を寄贈し、妙心寺には五百貫文を寄贈して、足掛かりを作っています。

後者であることがこれではっきり分かります。大計をもって臨んだ戦いでしたが、義元は信長の計略に負けてしまいました。

第三章　今川義元の逃亡と身代り・松井宗信

信長は今川義元に仕立て上げられた松井宗信が持っていた脇差しの「義元左文字」を戦利品として死体と一緒に持ち帰りました。信長はこれを義元の脇差しと信じて、常に携えていました。

後にこの「義元左文字」は、信長から秀吉に渡り、秀吉から徳川家康に渡り、最後に京都の船岡山の頂にある織田信長が祀られた別格官弊社《べっかくかんぺいしゃ》、建勲《たけいさお》神社に納められました。現在は重要文化財に指定されています。

この「義元左文字」は、松井宗信の死体と一緒に持ち帰ったものであり、実は今川義元の脇差ではありません。

義元に仕立て上げられた松井宗信や護衛軍の主だった首級は、清州へ持っていかれました。首と胴体を持ち帰った信長は、清州の須賀口の松の木の根元に義元（松井宗信）の首を始め多くの首を晒しました。

義元は天皇の要望もあり、大意をもって京へ上る目的で大軍を率いて出陣しました。信長の織田軍を義元の影武者・山口教継が率いる本隊が征圧し、義元は熱田の宮の渡しから船で津まで行き、津から陸路をとり、青山高原を経て月ヶ瀬を通り、柳生街道を抜けて山城に出て、宇治から京に入る予定だったと思われます。

熱田の沖では、今川水軍が義元たちの来るのを、首を長くして待っていました。しかし予定の時限が過ぎてもなかなか来ないので、待っている間に熱田の辺りで一暴れして時間待ちをしていました。

京の金戒光明寺《こんかいこうみょうじ》（黒谷さん）では、今川軍が来るのをまだかまだかと待っていたと伝えられています。この寺は高台にあり、西南の端から京の南側がずっと一直線に見通せます。結局、この目的は夢物語に終わってしまいました。

二村山の織田軍は、義元の影武者（山口教継）の首と胴体、主だった武将の首を持ち、勝鬨《かちどき》を上げて清州へと引き上げて行きました。

織田軍は勝利に酔いしれて、誰が何処にいるのか確かめていなかったようです。信長がいないことには、誰も気付いてはいませんでした。こうして二村山での戦い（桶狭間の戦い）は終わりました。

負けた今川軍の一部は沓掛城に戻り、その日はゆっくりと休み、翌日駿府目指して帰還しました。

翌々日、兵を休ませた織田軍は、今川軍に加担した近藤景春の居城である沓掛城を攻め落としました。

近藤景春は城を抜け出して祐福寺に行き、保護してくれるよう頼みましたが、寺は門を固く閉ざして中へは入れてくれませんでした。もうこれで終わりだと覚悟を決めて、景春は祐福寺の裏の天神山で自刃して果てました。ここには、近藤景春の墓が寛文十（一六七〇）年九月に子孫である近藤淡路守によって建立されました。

鳴海城で義元（山口教継）が来るのを待っていた岡部元信は、本隊がなかなか来ないので何かあったのではないかと心配になり、密かに家臣に偵察に行かせると、二村山の鳴海側にある濁り池は血で染まりあちらこちらに死体が転がっていました。帰ってきた家臣からその報告を受けた岡部元信は「負けたのだ」と直感しました。この上は義元の死体を返してくれるまでは鳴海城を一歩も出ないと頑張り通しました。

岡部元信の忠誠心に心を打たれた信長は、清須に持ち帰り晒し首にしていた義元（松井宗信）の首と胴体を返してくれました。

返された義元（松井宗信）の首を見た岡部元信は、義元は何処かで生きているのだと感じ取りました。そして何も言わずに義元（松井宗信）の首と胴体と引き換えに、鳴海城を信長に明け渡しました。

胴体と塩漬けにされ桶に入った首を持って駿府へ向かう途中、岡部元信は、信長に加勢した池鯉鮒《ちりゅう》に立ち寄り、伊賀の者十人に足軽百人を付けて刈谷城を攻めさせました。

今川勢退却の知らせを聞いて安心していた刈谷城を守っていた水野信近は、自ら刀を奮って戦いましたが、岡部元信軍に突き伏せられて首を取られてしまいました。大将がすでに討ち死にと聞いた刈谷の兵たちは気力を失い、落城しました。

ところが牛田玄蕃《うしだげんば》という武将が二百五十人余りの兵を率いて奪われた城を

取り戻し、三十人余りを討ち取って主人の恥を濯ぎました。

後にこの時落命した今川の兵士の霊を祀るために、豊田町（愛知県刈谷市）一丁目に追腹塚が築かれ　大きな石碑が立っています。

一方清州へ戻った信長は、今度の戦の戦勝褒賞《ほうしょう》を行いました。一番の手柄は、「今川義元は長福寺で茶事をしています」と二村山で戦っていた信長に急報した簗田政綱でした。信長は政綱に、二村山から東へ数キロ離れた沓掛城（かつての近藤景春居城）と三千貫文の土地を与えました。二村山の東側の麓にある聖応禅寺は、その後政綱の菩提寺になりました。

二村山で義元の首を討ち取った毛利新介と服部小平太に対しての褒賞は、簗田政綱と比べてかなり少ない物でした。それは信長が彼らが討ったのが二セの義元だと知っていたからなのではないでしょうか。

一方、義元は討ち死にしたと聞かされた大高城の今川方の兵士たちは大いに狼狽し逃げ去りましたが、元康はいささかも慌てませんでした。母方の伯父である水野信元より「義元は討ち死にした」と知らされても、その虚実はまだはっきりしないと考えました。水野信元は、浅井六之助道忠よりそのことを聞き及んでおり、義元はすでに討たれたので、今川の持ちの城々を皆明け渡して撤退しなさいと申されました。元康は、少しも慌てず月が出るのを待って大高城を出て、三河の大樹寺まで引き上げました。

岡崎城にいた今川方の城番らは、「義元討ち死に」と聞いて取るものもとりあえず逃げ去り、そのまま駿府へ入りました。

五月二十三日、十八歳となった元康は岡崎に帰還し、国中喜びに沸きました。かつては義元の命により、武田上野介信友・山田新左衛門などが岡崎の城代となっていましたが、尾張出陣に際しては、三浦氏と飯尾氏に岡崎を守らせていました。義元討ち死にを聞いて皆逃げ去ったので、元康は難なく帰城できたのでした。

信長から返還された長福寺で殺された松井宗信の遺骸を運んでいた岡部元

信は、暑い盛りのことで、腐敗が進んだ胴体の異臭に悩まされ、このまま持ち帰ることは無理と判断。大聖寺（愛知県豊川市）に立ち寄り、胴体を境内に埋めて目印に手水鉢《ちょうずばち》を置き、塩漬けにされた頭部のみを駿府まで持ち帰り、天沢寺の境内に埋めました（天沢寺は静岡大学の前辺りにありましたが、現在は廃寺になりありません）。

義元が長福寺の裏山の洞狭間《ほらがはざま》にある洞窟の中に隠れていることは、極秘中の極秘にされていました。

六月五日、駿府の臨済寺に於いて氏真、東谷宗杲《とうこくそうこう》などにより、今川義元（実際は松井宗信）の葬儀が行われ、「天沢寺殿前四品札部侍部秀峰哲公大居士」の戒名が与えられました。戒名の一部から陽光山天沢寺が創建され、義元（松井宗信）の首を埋めた場所に墓が立てられました。この墓は明治三十七（一九〇四）年に臨済寺へ移設され、現在は今川義元の霊廟として重要文化財に指定されています。

五月の末ごろ、長福寺の現場に居合わせた義元の茶坊主・林阿弥が駿府に戻ってきました。林阿弥は長福寺での出来事を氏真に話し、そして最後に、「義元様は無事に長福寺の裏山の洞狭間の洞窟に潜んでおられます」と伝えました。

氏真は直ちに、義元が無事に過ごしていけるように、信長たちにわからない方法を家臣たちと協議しました。家臣たちの意見を集めて出た結論は、まず義元への支援が必要だということで、大聖寺や周辺の寺から托鉢を装い、人目につかないように食べ物を運ばせる手配を急いで取ったのでした。

第四章　義元の塚と墓

氏真と家臣たちの論議は、手分けして三河から駿府までの間に義元の墓や塚を作れば、義元は桶狭間の戦いで織田軍に殺されてしまったのだと、周りの人たちに信じてもらえるということで決着しました。後は行動あるのみ。当時作られた義元の墓や塚だとわかっているものを列挙します。

1、新川町須賀口（現在は清州市）今川塚
2、西尾市東向寺の今川義元首塚
3、牛久保大聖寺の胴塚（松井宗信の胴塚）
4、天沢寺の今川義元墓（実は松井宗信の墓）
5、安城市の今川義元の胴塚（現在は廃寺になっています）

これだけあれば、住民たちは今川義元の死を信じ疑うことはなかったでしょう。
後世の人たちも義元の墓を立てました。これを含め調べてわかっているものを全て書きます。

其の一＝新川町須賀口今川塚

新川町須賀口（愛知県清須市）に今川塚を作り、後にこの塚に僧侶を呼び、逆修（生前にあらかじめ死後の菩提を祈願して仏事を修すること）をしています。逆修を依頼した人は義元が生きていることを知っていました。

其の二＝西尾市東向寺の今川義元首塚

西尾市東向寺の境内に今川義元首塚があります。自然石を積んだ小さな墓がいくつか並んで立っています（多分五基だったと思います）。その中の前方の一番大きな墓が義元の墓と言われています。

東向寺は義元の叔父が住職をしていたので、瀬名氏俊や義元の身内の者の戦死者の墓と考えられます。

寺に入ってすぐ右側にそう古くない宝篋《ほうきょう》印塔《いんとう》が立っていますが、義元や桶狭間の戦いで亡くなった身内の人たちを供養するために立てられたものだと私は思っています。

裏山に続く道には　洞窟に潜む仙人のような人の姿が彫られた石像がひっそりと立っていました。

墓とこの石像には、同じ白菊が供えてありました。長福寺の裏山の洞狭間の洞窟で一人で隠れていた義元を表しているようです。

裏山に続く道にある洞窟に潜む仙人のような石像

東向寺の「今川義元首塚」

其の三＝牛久保大聖寺の胴塚（松井宗信の胴塚）

岡部元信が信長から遺骸をもらい受け、駿府へ持ち帰る途中、夏だったので異臭がひどくなり、とても駿府まで持ち帰ることは出来ないと判断。大聖寺の境内の一隅に胴体を埋め、目印に手水鉢を置きました。

大聖寺はとても大きなお寺でしたが、現在は本堂と集会場が中央にあり、境内の南側に地蔵菩薩と阿弥陀如来と胴塚の石がセットになって、義元が生きていた年の数程並んでいます。本堂の裏側には墓がいくつか並んでいて、胴塚と牛久保城の関係者と思われる墓があるだけでした。

門の両脇には魚をぶら下げている僧侶と、お椀を持っている僧侶の石像が二体立てられていました。

期待して行きましたが、現存しているお寺はとても大きな寺院とは言えません。寺の管理をしておられた方の奥様が武田家の末裔で、寺の土地を売られたと聞きました。

其の四＝天沢寺の今川義元墓（実は松井宗信の墓）

岡部元信が駿府へ持ち帰った義元（実際は松井宗信）の首は、天沢寺に手厚く葬られました。明治三十七（一九〇四）年、天沢寺に立てられた今川義元の墓（実際は松井宗信）が臨済寺に「今川公廟」として移設されました。駿府に頭部を持ち帰った時には松井宗信のものとわかっておりましたが、長

大聖寺の「今川義元（松井宗信）胴塚」

福寺の裏山の洞狭間の洞窟に潜んでいた義元を救うために松井宗信の首を義元の首と偽って埋めていたので、時が経つと今川義元の墓として定着していきました。

移設時に臨済寺の墓場の中央に建てられましたが、民間の人たちの墓が次々と建てられたり、山崩れがあったりしたと、墓地の管理人が教えてくださいました。

現在は臨済寺本堂に向かって右側の冠木門の内側に「今川公廟」が建てられ、国の史跡に指定されています。天沢寺の墓を移設したものですので、松井宗信の墓と理解しています。

其の五＝東海市の義基の墓

義元の家臣が義基（義元の血縁関係の兵だと思われます）の遺骸を、高横須賀（愛知県東海市）の永昌寺（現在廃寺）の墓地に葬り、「今川義基墳」の墓標を立てました。遺骸をここまで運んできた家臣たちは百姓になり、墓を守り続けました。後世の人は、その墓標を義元の墓と信じて疑いませんでした。

この墓標は十センチ程度離して二基が向かい合わせに立てられ、内側に「今川義基墓」と彫られています。義元の身内の人物の墓だと思われます。

其の六＝豊明市栄町南舘の高徳院門前の墓

大きな自然石に、「今川治部大輔義元墓」と彫られています。この墓が、高徳院で高僧になり九十四歳以後に亡くなった今川義元の墓になります。

明治二十七〜二十八（一八九四〜一八九五）年ごろこの寺に入られた高野山の僧・湯川氏は、高徳院に残されていたいくつかの義元の遺品を見て、ここが桶狭間の戦いの本陣であり、戦いはここであったのだと確信されました。

古戦場に相応しいように古戦場跡が作られ、義元の木像や側近たちの像も作られました。そして国に「桶狭間古戦場跡」として申請をされました。当時の文部省から「この古戦場は疑問に思われるところが多くあります。伝説の古戦場としてなら認めましょう」という通達があり、国から「伝説の古戦場」として認められたと聞きました。

この狭い場所で二万五千人の今川軍と三百余りの織田軍が戦い、今川軍が負けたとはとても思えません。この古戦場の入り口に「伝説の古戦場」と彫られた石柱が立っています。

義元は高徳院で九十四歳の時に七言絶句の漢詩の掛け軸を書き残し、その後まもなく亡くなったようです。

「桶狭間の戦い」が高徳院の前であったとして作られた古戦場ですが、時の流れの中で、本当のことと認識されるようになっていったようです。

六月の最初の日曜日（義元の出陣の時期）に、義元の墓の前で墓前祭が行われます。引き続き本堂の中で霊前祭が行われます。義元の縁の方も参加されることもあり、その他豊明市役所からかなりの人が参加されます。町内会の役員の方や来賓の方々合わせて百名程の人たちが集まって式に参加されていました。午後からは、武者行列や「桶狭間の戦い」の再現をされるようです。

文部省から「伝説の古戦場」として認められた後、高徳院の関係者が豊明市の文化財保護委員として活躍されていました。

伝説の古戦場がいつのまにか本当の古戦場にされかねません。これを止めさせることが出来るのは、現在の文部科学省がきちんと事実を調べて、不要な「伝説の古戦場」を取り下げるべきだと心底思っています。

徳川家康は、氏真から義元が高徳院の住職をしていると聞いていました。家康は高徳院の前に東海道を通し、高徳院の前を通る時には必ず下馬をして、頭を深く下げてから通って行ったそうです。

義元の下での十二年間は、家康にとっては元信時代の得難い日々でした。家康が有力な戦国武将になるための礎を築く絶好の機会でした。後に徳川家康と改名し力を蓄えてくると、幕府を開きたいとの願望が高まってきました。幕府を開くためには征夷大将軍の称号を天皇からもらわなければなりません。それは源氏に与えられた特権です。家康はそのことを臨済寺での人質時代に知りました。家康の家系は源氏ではありません。どうすれば源氏になれるのか、家康はよくよく考えました。そして、源氏一族の新田の家系に松平を組み入れました。これで家康が幕府を開く条件が整いました。

豊明市栄町の「今川治部大輔義元墓」

其の七＝高徳院の門前近くの今川義元墓

高徳院の門前から北へ百メートル程の塀際に、仏式の今川義元の墓が立っています。正面に「天沢寺殿前四品札部侍部秀峰哲公大居士」と刻まれています。天沢寺殿と刻まれているということは、松井宗信が今川義元の身替りにされていたことを知らない人が建てたのでしょう。その石の裏側には、「万延元年庚申五月一九日　願主何某」と彫られており、幕末に建てられたことがわかります。

其の八＝桶狭間古戦場公園にある義元の墓

長福寺の傍らにある大池の北側の公園に、今川義元と織田信長の銅像が建てられました。この公園の片隅に卒塔婆が何本か立っている墓があります。今川義元の墓だといわれていますが、松井宗信の墓です。地元の長老・梶野渡氏は多くのことを研究し、昔からの言い伝えなどを調査して、長福寺の辺りが古戦場だったと断言しておられます。大将の今川義元がいた所は、長福寺でしたので本陣になります。

其の九＝安城市にある今川義元の胴塚

少しわかりにくい所にありましたが、岡崎市にお住いの浅井様に案内していただきました。九十歳を超えた方でしたが、車で案内してくださいました。現地に着きますと、セーラー万年筆の会社が塚のすぐ傍らに建っていました。会社の人は祟りが恐ろしいからと、年に一度岡崎市から僧侶に来てもらって供養していると話してくださいました。

まだ何処かにあるかも知れませんが、私が調べてわかったのはこの九カ所でした。

義元が桶狭間において信長に討たれたという一報を、大高城にいた元康に伝えたのは、浅井道忠だといわれています。道忠は、三河国箕輪村の土豪出身といわれる人物です。

道忠の報告を受けた元康は、「母方の親戚であっても、織田方に属している上はその言葉を信じられません」と、それまでは二の丸にいましたがすぐに本丸へ移り、大高城の守りの配備を整えました。

しばらくして岡崎城を守らせていた鳥居忠吉らから、場内の様子を聞くに及んで、大高城を引き払う意を固め、道忠に道案内をさせて、岡崎城に向かったのでした。

岡崎城に戻った元康は、今川の命で番衛していた者どもを駿府に帰らせるために彼らを傍に呼び、氏真への伝言をこう述べました。

「此の度の不吉な出来事に同じように驚き心を痛めたことでしょう。けれども信長は、今勝利をあげて驕り、家臣は怠けている時なので、その隙を討てば味方の勝利は疑いありません。一日も早く兵を進められるならば、私も手勢を引き連れて鏑矢の一筋も射って、義元公の恩義に報いたく思います」

しかし氏真は、父の仇討ちをしようとする気持ちもなく、ただ平常の如く仏事等のみに日を送り、よこしまな家臣を寵任して、血族の老臣を疎遠にしました。そのため上下離反して、国政も日に日に崩れていきました。その後も出陣を勧められましたが、氏真は酒宴乱舞に耽って何の配慮もしませんでした。

信長は義元を討ち取った後は、元康に織田方に従わないかと勧めましたが、元康は岡崎へ戻った後も梅津城の敵と戦い、仏楚坂、石瀬、鳥屋根《ちょうとやがね》等において織田方の勢と攻め合ったため、信長も意外なことと思ったのでした。

信長は、元康を味方にしようと企て、水野信元などを使いとして礼を篤くし、講和を申し入れました。すると元康も、父の弔い合戦をしようともしない氏真に見切りをつけ、「わが義元への志も是までだ」と言って織田方と講和の意思を持ちました。

氏真は　元康が信長と講和をすると伝え聞いて大いに怒り、使いを岡崎に行かせ、尾張と和睦するならば、駿府に留め置かれている北の方と子息を殺すと脅して釈明を求めました。すると元康はこう弁明しました。

「今川家に厚恩を受けたことは少なくありません。どうしてこのことを忘れましょう。しかし尾張は隣国であり、かつ朝敵ですので、当分講和の体にしてその意に従っているだけです。実の和議ではありません。でも氏真様の父の仇を討つため出陣することは度々申していました。先陣を承り鏑矢一筋射かけるべきことに相違ございません」

それを受けた氏真の怒りはおさまり、しばらく出陣することはありませんでした。

こうして元康は清州へ赴き、信長も厚く持てなし、これより両旗をもって天下を切り靡けば、信長もし天幸を得て天下を一統すれば、信長に従いなさい。元康がもし天皇に係る手柄を立てたならば、信長はきっと元康に従うと盟約をして、厚く酒食を共にして持てなしたのでした。

第五章　今川氏真（宗誾《そうぎん》）の終焉まで

永禄四（一五六一）年 氏真二十四歳

九月、氏真は大軍にて今川から松平についた菅沼定盈《すがぬまさだみつ》の野田城を攻めて和議を申し入れ、野田城を得ました。

永禄五（一五六二）年 氏真二十五歳

氏真は松平元康に寝返り反乱を起こした堀越氏延の見附城に出陣し、夜に乗じて一旦は攻め落としましたが、再び奪い返されました。氏真は三河の一宮砦を攻めましたが攻略できませんでした。

六月、再び氏真は三河に出陣しました。

七月二十六日、西郷氏の月ヶ谷《わちがや》城、五本松城を攻め取りました。

氏真は重臣の朝日奈泰朝《あさひなやすとも》に、松平元康と内通した疑いで井伊直親を殺させました。その後氏真は上総介を名乗りました。この年以降間もなく、外祖父・武田信虎を上方へ追放しました。

永禄六（一五六三）年氏真二十六歳

松平元康は名を家康と改めました。

家康は信長の息女を若君（貴人の若者）に進められ、二人の婚儀が定まりました。家康と信長がこのようにして堅く結ばれた仲となったため、今川方はこれに憤り、各所で戦闘が起きましたが、今川方はいつも敗北して勝つことがありませんでした。

三月、今川方の三河の一宮砦が攻め取られました。

この年、今川義元（松井宗信）の三回忌の法要が大聖寺で行われました。国中が乱れて不穏な様子になってきたため、家康は自ら出陣することが重なりました。

氏真は、吉田城に小原《おはら》肥前守鎮実《しげざね》を留め置き、岡崎城を見張らせました。これに対し家康は、喜見寺、糟塚等に砦を構えさせました。

その中でも一宮砦は、本多信俊が約五百の兵を従えて守っていました。氏真は吉田城を救おうと二万の軍を引き連れてこの砦を攻めました。それを知った家康は、三千の兵を率い、出陣しました。敵の兵力は十倍近く、背後の武田も防がねばならないため家臣らは「ご深慮なさった方がよい」と諫めましたが、家康は「家人に敵地の番をさせておきながら、敵が寄せてくると聞いて救わないことには信も義もないというものである。万一後ろ詰めをして討ち死にしても天命というものだ」と言ったということです。

こうして一宮砦に入った家康は、その夜は砦に泊まり、翌朝、本多信俊を召し連れ添わせて、将卒一人も毀傷なく敵勢を追い立て、難なく岡崎城へ帰り着きました。

このころ氏真の長女が生まれました。

永禄八（一五六五）年 氏真二十八歳

九月、公卿の冷泉為益《れいぜいためます》が駿府へやってきました。牛久保の牧野氏、野田の菅沼氏、田嶺の菅沼氏など、多くの臣下が氏真を柔弱と疎み、今川を去って家康に帰順しました。この動きは三河国一円に広がってしまいました。

永禄十（一五六七）年 氏真三十歳

五月二十日、氏真は連歌師の里村紹巴《じょうは》と引見しました。

五月二十五日、氏真は駿府の三条実澄《さねずみ》邸で開かれた連歌会に出席しました。

五月二十九日、氏真は朝比奈泰朝邸で連歌会、二十首歌会を催しました。

六月十八日、氏真館で連歌会、二十首歌会が催されました。

六月十九日、氏真館で和歌連歌会が催されました。

七月〜九月、駿河で風流踊りが流行し、側近の三浦右衛門真明《さねあき》は、これを氏真に勧めました。

八月、武田信玄は嫡子・義信を殺害。今川義元の娘を離縁し、今川家に帰しました。これにより氏真は、北条氏康と謀り、甲斐へ塩を送ることを止めました。

永禄十一（一五六八）年 氏真三十一歳

三月、氏真の祖母・寿桂尼（中御門宣胤の娘）が亡くなりました。

六月以後、駿府に風流踊りが再び流行しました。氏真は太鼓を打ちました。

このころ氏真は、今川家を戦国大名ならしめるべく努力を払いました。

九月、信長は足利義昭を奉じて上洛しました。氏真はいよいよ家臣からも疎まれ、背くものも多く出ました。

十二月十二日、武田信玄が駿府へ侵入しましたが、氏真はこれを防ぐことが出来ませんでした。

その時信玄は、義元が集めた名品を持ち帰ろうとしました。すると家臣たちが「殿が義元の宝物を持って帰れば、武田信玄は駿府へ泥棒に来たと、天下の笑い者になります。おやめください」と制しました。信玄は後ろ髪を引かれる思いで引き上げました。

十二月十三日、甲州軍が駿府に乱入し、氏真と氏真の室は掛川城に脱出しました。

十二月二十七日、家康は氏真が潜んでいる掛川城を包囲しました。

元亀元（一五七〇）年 氏真三十三歳

五月、氏真と北条氏政の兵が、武田信玄の兵と駿河の吉原で戦いました。このころまで氏真は駿河東側の小部分を確保していました。しかし、徐々に追い詰められてゆきました。

氏真の嫡男・範以《のりもち》が生まれました。

信玄は、氏真が家臣に疎まれ、離反者が多くなったのをみて、甥舅のちなみを捨てて大軍を動かし、駿河国はいうまでもなく、氏真が領する国郡を侵し奪おうとしました。氏真はこれを防げず、すぐに城を出て東三河東北部の山家《やまが》へ逃げ隠れました。

忠臣である朝比奈泰朝は、自分の遠江の掛川城へ氏真を迎え入れ、面倒を見ました。

元亀二（一五七一）年　氏真三十四歳

氏真は従う家臣もなく、その後小田原で北条の育みを受けて日々を送っていましたが、十月に北条氏康が亡くなり、氏政の代になると小田原を出て浜松に行き、家康の食客になって過ごしていました。

家康は信長に、駿府を氏真に与えて今川家を再興させてはと伺いをたてましたが、それを聞いた信長は、何の能もない氏真に与えるならば自分に寄こせと気色ばんで言いました。家康はやむを得ず駿府を自分の領土にしました。

天正元（一五七三）年 氏真三十六歳

この年まで氏真は文書を発行していました。

四月四日、武田信玄が病死しました。

七月、信長は京から将軍・足利義昭を追い払い、十四代続いた足利将軍家の室町幕府は消滅しました。

天正三（一五七五）年 氏真三十八歳

正月十三日、氏真は上洛のため浜松を出発しました。四月まで京を見学し、この間の三月二十日、相国寺において公家たちと蹴鞠を行い、その妙技を信長は見学していました。

四月二十三日、氏真は、武田勝頼軍が三河に侵入したとの報を受け、急ぎ下向し、二十九日に浜松に着きました。

五月、氏真は家康の隊に入り出陣し、後ろ詰めを務めました。

五月二十七日、氏真は駿河に侵入し、所々に放火。六月二日、遠江に帰還しました。

七月中旬以後、氏真は諏訪原へ出陣しました。この年『今川氏真詠草（草庵中）』を著しました。

天正四（一五七六）年 氏真三十九歳

三月十七日、氏真は家康の命により牧野城主となりました。

氏真の次男・高久が生まれました。

天正五（一五七七）年 氏真四十歳

三月一日、このころ氏真は僧侶になり宗誾と名を変えていました。すでに髪の毛を剃っていたようです。家康の命により浜松城へ戻されました。

天正七（一五七九）年 宗誾四十二歳

十月八日、宗誾は浜松城の松平家忠陣所を訪れました。

天正十（一五八二）年 宗誾四十五歳

宗誾は伊勢神部にて百首二ケ度を詠みました。

三月、武田氏が亡びました。

六月二日、明智光秀は信長に毛利攻めの支援を命じられましたが、途中で

「敵は本能寺にあり」と信長のいる本能寺に進攻し、謀叛を起こし本能寺に火を放ちました。信長は防戦しましたが、本能寺には少数のものしかおりません。信長は「是非に及ばず」の一言を残し、側近の森蘭丸と共に燃え盛る炎に呑み込まれてしまいました。

本能寺には外に抜け出す地下道がありました。おそらく信長は、その地下道を利用したことでしょう。ところが家康は、腹心の家臣に命じて地下道の途中に竹の杭を打ち巡らせていました。地下道に入った信長は、竹の杭に阻まれて先に進めません。煙は容赦なく迫ってきます。ここで信長は、煙にまかれて亡くなってしまいました。本能寺の焼け跡からは、信長の死骸は見つからなかったそうです。本能寺から少し離れた抜け道に、今も眠っていることでしょう。

その後光秀は二条城を攻め、信長の嫡男・信忠は自刃して果てました。

光秀は京における信長残党の探索が一段落したところで、京の押さえとして勝竜寺城に家臣・溝尾庄兵衛を残し、その日のうちに安土城を接収するため、近江の大津を経て瀬田に向かいました。

瀬田には琵琶湖から流れ出る瀬田川に架かる瀬田の大橋（唐橋）がありました。その瀬田の大橋は、この時瀬田城主の山岡景隆によって焼き落とされてしまっていました。橋が落とされてしまっていてはそれ以上進むことが出来ず、光秀は自分の居城である坂本城に入り、合わせて瀬田の大橋の復旧を命じました。復旧には二日間を要しました。

ようやく安土城に入ることが出来た光秀は、京極高次《きょうごくたかつぐ》、阿閉貞征《あつじさだゆき》らに命じ、秀吉の居城である長浜城を攻めさせました。

六月七日、光秀は勅使として安土城を訪れた公卿の寺田兼見《けんみ》を迎え、朝廷が京の経営を光秀にまかせる意向であることを聞きました。光秀は信長の後継者として朝廷から認められたと考え、翌八日安土城を発ち、九日に上洛し朝廷に銀子五百枚を献上しました。安土城には娘婿の明智秀満と、光秀が最も信頼を寄せる家老の斎藤利三が残りました。

六月十三日、光秀と秀吉が山崎で戦い、光秀は近江目指して敗走する途中、伏見の小栗栖《おぐるす》で農民に竹槍で突かれて殺されてしまいました。この山崎の敗報が安土城に届いたのは、翌十四日の事でした。城を守っていた明智秀満は急遽、本拠の城である坂本城に戻りました。

城主がいなくなった安土城は、信長の次男・織田信雄《のぶかつ》によって放火され炎上しました。光秀は足利将軍家の再興を目指して信長を襲い反信長派と連絡を取っていましたが本懐を遂げることは出来ませんでした。

この事件より先に信長が家臣である光秀に辛く当たったのは、若いころの光秀が、今川家の家臣になりたくて、母親と共に今川家の門前に三日三晩座り込んで家臣に取り立ててもらうよう嘆願していたことを、家康が信長の耳に入るように仕向けたせいだと考えています。

一方、長福寺の裏山の洞狭間に逃げて隠れていた今川義元は、どうしていたでしょうか。最初は家臣たちがすぐに助けに来てくれるものと思っていましたが、時が経つにつれて心細くなり、大声で助けを求めたりしていましたが誰も来てくれません。

何日か経つと大聖寺の僧たちが、托鉢の恰好をして食物を運んできてくれました。そして「今は辛いでしょうが、時が来るまで修行をしながら、ここで待っていてください」と宥《なだ》めました。

この戦いでは織田方が勝ち、今川方は負けてしまい、信長が三河以西を支配するようになりました。駿府では七月五日義元（実は松井宗信）の葬儀が臨済寺で執り行われ、「天沢寺殿秀峰哲公大禅定門」の法名が与えられました。

この後、宗誾（氏真）は、天沢寺を創建し、今川義元（松井宗信）の菩提寺になりました。この二年後、大聖寺の胴塚では今川義元（松井宗信）の三回忌の法要が行われました。長福寺の裏山の洞狭間の洞窟では、義元が隠れていて助けに来てくれるのを待っています。「時が来るまで」とは一体何時までなのでしょうか。

例外もあるでしょうが、年を重ねると顔立ちが徐々に変わってきます。おそらくそのころまで、ここで辛抱して修行を積んで、待っていてくださいとのことでしょう。そこは呑み込みの早い義元のこと、察しがついてからは洞窟の奥で座禅を組み、瞑想に耽って、心を落ち着かせて過ごしていました。雨が降った後では多くの雨水が溜まり、滝となって流れ落ちるときは、滝の水に打たれて修行を積んで過ごしていました。巷ではあちこちで戦があり、まさに戦国時代の真っただ中です。

天正十一（一五八三）年 宗誾四十六歳

七月、公卿の近衛前久《さきひさ》（竜山）が京より下向して浜松城に至り、家康はこれを饗し猿楽で持てなしました。この宴に宗誾も陪席しました。この後しばらくの間、宗誾の事績は明らかではありません。

天正一五（一五八七）年 宗誾五十歳

五月、宗誾は『自賛歌』を写しました。

天正十八（一五九〇）年 宗誾五十三歳

七月、小田原の北条氏が、秀吉による「小田原攻め」で滅びました。

天正十九（一五九一）年 宗誾五十四歳

この年以後、公家・山科言経《やましなときつね》の日記『言経卿記《ときつねきょうき》』に、宗誾の名がしばしば見られるようになりました。

宗誾は、山科冷泉家と親しく交わっていました。

十二月二十四日、宗誾は、秀吉の御伽衆《おとぎしゅう》である大村由己《ゆうこ》邸の歌会に、言経、秀吉の血縁である武将・木下勝俊《かつとし》と共に出席しました。

文禄三（一五九四）年 宗誾五十七歳

十月、嫡男・今川範以の発起により、建仁寺両足院にて歌会が行われました。宗誾は、木下勝俊、細川幽斎、楠長語篋と共に出席しました。

宗誾は京に定住し、範以の嫡男・範英《のりひで》（直房）が生まれました。

文禄四（一五九五）年 宗誾五十八歳

二月二十三日、宗誾は、家康の家臣・大草月斎、言経を招き馳走しました。

五月二十三日、宗誾は、言経と共に家康の家臣・石川家成邸を訪問しました。

このころ宗誾は、家康の庇護を受けていました。

慶長二（一五九七）年 宗誾六十歳

宗誾の外孫・吉良義弥が家康の三男・徳川秀忠に出仕しました。

慶長三（一五九八）年　宗誾六十一歳

宗誾は、秀忠に願い出て、次男・高久を出仕させました。

高久は秀忠より、今川は一家に限るとして品川を名乗るよう命じられ、千石を賜りました。この年より前に宗誾の子・澄存《ちょうぞん》は、公卿・中山親綱の猶《ゆう》子《し》（養子）となり、聖護院の道澄のもとに入室しました。

慶長六（一六〇一）年　宗誾六十五歳

十二月一日、澄存は、僧正尊雅に受法入壇しました。その後、勝仙院（聖護院の院家）道澄の弟子となり、重々院、積善院、勝泉院などの住寺、園城寺大阿闍梨から大僧正に、最後に若王子乗々院の僧侶から大僧正になりました。その後、慶安四（一六五一）年八月二十三日に亡くなりました。

家康は力量と人望が備わってくると、幕府を開きたいと強く思うようになりました。そのために征夷大将軍の称号を得たいと願っていました。妙心寺の鉄山和尚が賜紫の大和尚となって皇室に出入りしていましたので、天皇に征夷大将軍になり幕府を開くことを取り成してもらおうと、鉄山和尚の住寺期間を延長させて　三門を造立させましたが、鉄山和尚は家康に媚びることなく幕府を開くための取り成しはしてくれませんでした。

今川義元の全盛期には、京の混乱を避けて天皇は駿府に身をお寄せになっておられました。そんな天皇のために今川義元は屋敷を建て、嫡男の氏真を天皇の世話役にして手厚く保護しました。その事が後々、氏真にとっても好都合な結果を生みました。

宗誾（氏真）の京での交友関係は広がりました。

宗誾が家康の願望を天皇に伝えますとすぐさま征夷大将軍の称号は家康に与えられました。

慶長八（一六〇三）年 宗誾六十六歳

宗誾はしばしば冷泉為満邸で行われる歌会に出席していました。

二月、家康はやっと江戸に念願の幕府を開くことが出来ました。幕府を開いた徳川家康は、宗誾から義元が生きていて高徳院の住職をしていると聞かされました。

慶長九（一六〇四）年 宗誾六十七歳

二月十日、宗誾は山科言緒《やましなときお》の連歌会に出席しました。いつからかはわかりませんが、慶長十七（一六一二）年ごろまでに宗誾は南禅寺の門主になっていました。

慶長十（一六〇五）年 宗誾六十八歳

四月、家康は将軍職を三男・秀忠に譲りました。

慶長十一（一六〇六）年 宗誾六十九歳

十二月、宗誾の嫡孫・今川直房（範英）は将軍・秀忠に謁見しました。

慶長十二（一六〇七）年 宗誾七十歳

十一月二十七日、宗誾の嫡男・今川範以が三十八歳の若さで山城の国にて亡くなりました。妻は吉良上野介義安の娘。

慶長十三（一六〇八）年 宗誾七十一歳

六月二十八日、宗誾の子・澄存の師である聖護院道澄が亡くなりました。

宗誾が南禅寺の門主をしていたとき　藤原氏の依頼で南禅寺の僧・宣長が描いた鷺の絵の掛け軸に賛を書きました。その掛け軸が父の形見分けとして私の所に送られてきました。宣長が書いた掛け軸の裏には次のように書かれています。

「御門主様に讃を賜る　藤原〇〇」

私は南禅寺へ行き、今川氏真（宗誾）が門主をしていたことがないかを尋ねました。書架の中の書物を手に取ってパラパラめくって調べてくださいましたが、記録は残っていないとの返事でした。そんなに簡単に見つかることではないのにと少し不審な気持ちで寺を後にしました。

その後京都に行くことがあり南禅寺の前を通りましたら、次のような高札が立っていました。

「戦国時代の物は全て処分されていて、今は何も残されていません」

この高札を見て、宣長の絵に南禅寺の門主をしていた宗誾が書いた物のことだと確信しました。宗誾の絶筆の書と断言してもよいでしょう。

慶長十六（一六一一）年 宗誾七十四歳

二月二十七日、山科言経が亡くなりました。

慶長十七（一六一二）年 宗誾七十五歳

正月二十四日、宗誾は冷泉為満邸の歌会に出席しました。

四月十四日、宗誾は駿府に赴き家康と対面しました。その後家康は江戸に向かい、江戸城に入りました。宗誾は家康の後を追うように江戸へ下り、江戸城の近くに住みました。

宗誾は江戸城の家康の所へ度々赴き長話をするため仕事に支障がでました。家康は江戸城に度々来られないように、品川に家敷を建てて宗誾に与えました。品川に住むことになった宗誾は、江戸城に容易に行くことが出来なくなりました。

慶長十八（一六一三）年 宗誾七十六歳

二月、宗誾の妻・北条氏康の娘が没しました。

慶長一九（一六一四）年 宗誾七十七歳

十二月二十八日、宗誾は品川にて永眠し、「仏岩院殿豊山泰英大居士」という戒名が与えられました。

宗誾が南禅寺の門主をしていた時、藤原氏の掛け軸に賛を書いた掛け軸と賛の内容を紹介します。鷺の絵の上に書いてあるのは次の歌です。

白鷺の しろく五六や すご六の
志よう婦に賽《さい》の ふりしきる雨

賽《さい》はサイコロのことですが、掛け詞《ことば》として扱われていたようです。賽に西方浄土の意味を持たせています。賽（西院）の河原は　彼の世と此の世の境界で幼くして亡くなった子供は　天国へも地獄へも行けず、父母へ親不孝の償いに石で塔を立てようとします。「一つ積んでは父のため、二つ積んでは母のため」とつぶやきながら　そこへ小鬼がやってきてせっかく積んだ石の塔を壊してしまいます。これを地蔵菩薩が救ってくれます。この掛け軸の鷺は、水の中で淋しそうに佇んでいます。

藤原氏の幼子が冥途の旅に出たので、南禅寺の僧・宣長に鷺の絵を描いてもらい、賛を南禅寺の門主をしていた宗誾に書いてもらいました。

早く終着駅の冥土へ行けるようにとの願いを込めて、門主の宗誾に預けて

今川家に残る相伝の「鷺の絵」の掛け軸

追善供養を依頼したのではないかと考えます。この掛け軸が今川家に代々相伝されてきました。

第六章　今川義元のその後

織田信長が亡くなって、義元の洞窟で潜む生活は終わりました。

ある日のこと、食事を持ってきた大聖寺の僧は、義元が長い間待ち望んでいた報告をしてくれました。

「義元様、やっと時がやって参りました。織田信長は、家臣の明智光秀に急襲され、本能寺で炎に巻かれて亡くなってしまいました。これでもう一安心です。ここから一里程の所にお寺が用意してあります。そのお寺の住職様になってお暮らしください」

そして、現在の中京競馬場前駅にほど近い山上に建っているお寺、高徳院へ案内しました。現在の高徳院は山裾に建っていますが、当時は山上に建っている大きなお寺でした。

そこには立派な僧衣と冠と錦の袈裟と笏《しゃく》が用意されていました。

天皇は今川義元が織田信長に殺されたと聞き、一時は落胆しましたが、氏真から生きていることを知らされて、この日が来ることを待って配慮されていました。

家康は幼いころ、今川家に人質として来たことで、氏真の補佐役として臨済寺で太原雪斎から武将としての教育を授けられ、今川家のしきたりや人脈を知ることが出来ました。

家康は義元に対して畏敬の念を抱き、尊敬していました。義元のために高徳院の前に東海道を通して、旅人が高徳院に立ち寄れるようにしました。義元が寂しい思いをしないように、不自由なことがないように気を配っていました。

現在、高徳院の山上を通る東海道は、高徳院の敷地に組み込まれてわからなくなっていますが、旧東海道を東西に結ぶ線が頂上の少し北側を通っていますから見当がつきます。この寺院の名称は、義元が住んでいた寺院に相応しい名称だと思っています。

この寺院で義元は、旅人たちの道中の安全を祈ったり、住民たちの無病息災を祈って周囲の人たちに敬われていました。九十四歳の年に、高徳院の様子を漢詩の形で残しています。次にその漢詩を詳解します。

高徳院の秋日の情景を七言絶句で表した掛け軸は、義元絶筆の書と思われます。

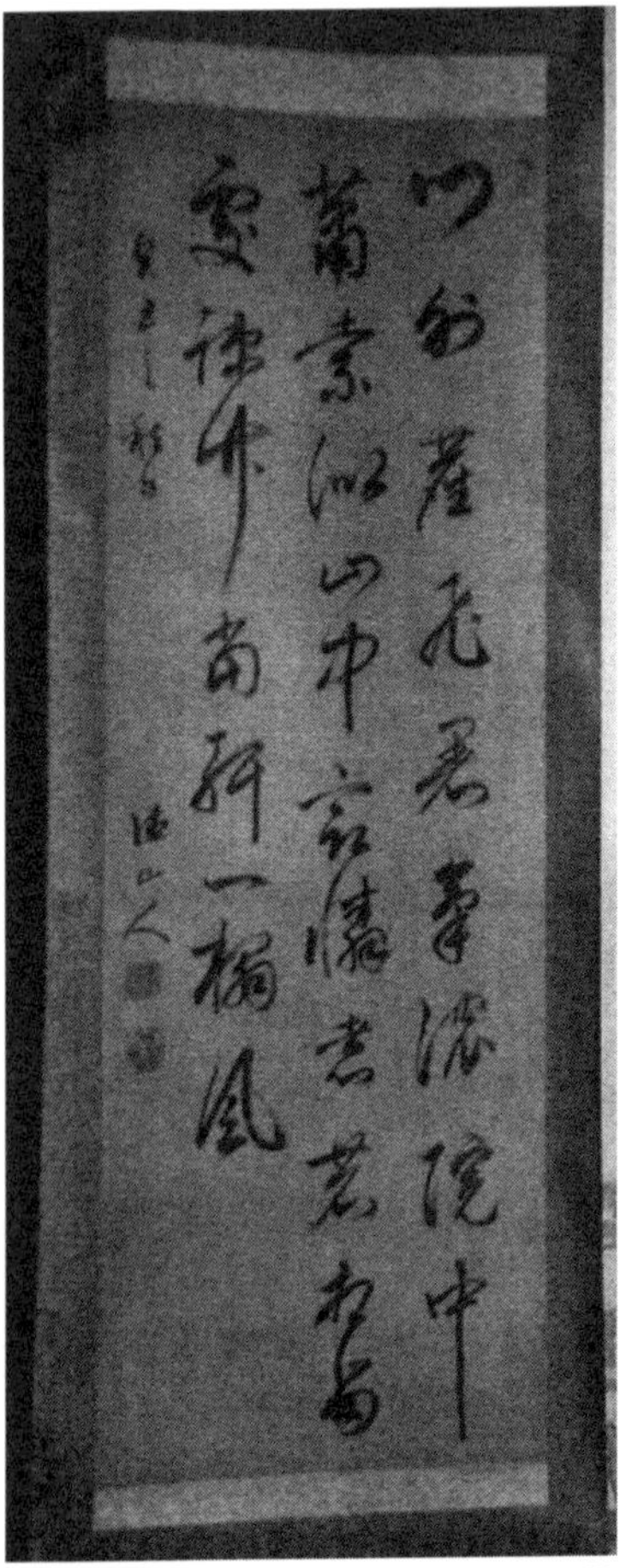
今川家に残る相伝の「七言絶句」の掛け軸

文字禅
門外雀飛暑気濃（門ノ外、雀飛ビ、暑気濃《こまやか》ナリ）
院中蕭索似山中（院中蕭索《しょうさく》トシテ山中ノ似《ごと》シ）
宿牆煮茗相留處（宿牆茗《しゅくしょうめい》を煮テ、相《あい》留マル處《ところ》）
疎竹當軒一揚風（疎竹軒ニ當《あた》ル一揚《いっとう》ノ風）

癸丑《みずのとうし》之秋日　徳山人　印印

軸の右上にある落款《らっかん》の「文字禅」は、字で禅と交わると読めます。さらに「徳山人」という号も、「高徳院」の「山人」と読め、桶狭間の戦いのあった永禄三（一五六〇）年から、本能寺で信長が落命する天正十（一五八二）年まで二十二年もの間、長福寺の裏山の洞窟にまるで仙人のように身を隠し、後に高徳院の住職となった義元の心境をよく表していると思います。

左上にある「癸丑」は、この七言絶句が書かれた年を示しています。癸丑の年は六十年ごとに巡ってきます。江戸時代では寛政五（一七九三）年や嘉永六（一八五三）年に当たりますと、梅光女学院大学の倉本先生が教えてくださいました。

これを基にして換算しますと、永正十六（一五一九）年生まれの義元が、慶長十八（一六一三）年、九十四歳の年に書いた書になり、正に今川義元の絶筆の書と言えます。

高徳院境内の西側中程に、義元の身代りにされた家臣・松井宗信の墓があります。長福寺で亡くなった松井宗信の墓を義元の身辺に移して、毎日なのか、折に触れてかはわかりませんが、命日には必ず頭を下げて手を合わせ、供養をせずにはいられなかったでしょう。「身代りにさせて申し訳なかった、有り難う」と心から詫びていたと思っています。

長福寺で織田信長たちに首を刎《は》ねられ殺された松井宗信を哀れに思い、長福寺の僧は松井宗信に「寂應目空大庵住位」の戒名を与えました。俗称は松井兵衛宗信です。

高徳院の境内のあちこちに、地蔵菩薩（胴塚の石）がセットになってたくさん並んでいます。寺院の外側にも十セット程立てられています。義元は高徳院で生きているので、ここには阿弥陀如来はありません。今川義元が生きていた年の数だけ並んでいると思っています。

胴塚のある大聖寺の境内にも、地蔵菩薩と阿弥陀如来と胴塚の石が一セットになって九十三セットと、一段高い石の台座の上に阿弥陀如来像が立ち、その横の少し高い石の台座の上で座禅を組んでいる僧の像が並んでいます。今川義元が高徳院で漢詩の掛け軸を書いた時の年齢と同じ程の数の三点セットが並んでいます。

今川義元はこの数だけ生きて長生きしたのですよ、と後世の人たちに知らせるために立てられたのではないでしょうか。義元は九十四歳の秋に漢詩の掛け軸を書き、次第に衰弱していったのではないでしょうか。

高徳院の門外の東北の塀の傍には、お化け地蔵と仏式の今川義元の墓が建てられています。天沢寺に建てられた松井宗信の墓を今川義元の墓と信じて立てられたようです。その墓石には「天沢寺殿前四品札部侍部秀峰哲公大居士」と彫られています。今川義元が高徳院の住職になってからは、五月十九日になると義元は白装束を着けて白馬に跨り、長福寺の松井宗信の墓に参っていました。

こんな話が残っています。愛知県碧海《へきかい》郡棚尾村（現在の刈谷市）に住む鰻売りのおじさんは、商いを終えるとすっかり暗くなり家路を急いでいました。その日は旧暦の五月十九日、今川義元（松井宗信）の命日に当たる日です。すると、白装束を着けて白馬に跨り長福寺へ向かっている立派な男性に出会いました。おじさんは思わず見上げました。

すると白馬の男性から「拙者は今川義元である」と声を掛けられました。びっくり仰天驚いてぶるぶる震えているおじさんに義元は、「見られてしまったか！　私を見たことを誰にも言うでないぞ。言ったら命がないものと思っておれ」と固く口止めをされました。

亡くなってしまったはずの人に出会った鰻売りのおじさんは、すっかり腰を抜かしてほうほうの体で家に帰りつくことができました。亡くなったと思っていた人に出会い、「誰にも言うな」と口止めをされたことが気がかりになって仕方ありません。一日我慢していましたが、ついうっかりと話してしまいました。間もなくその鰻売りのおじさんは、熱病にうなされて亡くなってしまいました。人々は今川義元のお化けが出て祟ったと怖がり恐れました。そんな噂から人々の心を鎮めるために、高徳院の門外にお化け地蔵が立てられました。

今川義元が高僧として高徳院に迎えられ、近隣の人々の健康や旅人の道中の安全を願い安らかに終焉を迎えることが出来たのは、義元の人徳と善行の賜物だと思っています。

追記　今川義元の遺跡

今川義元が桶狭間の戦いのあった四十二歳以後も生きていて、九十四歳以後に亡くなったと知らせる物がいくつか残されています。

其の一＝大聖寺の南側には、地蔵菩薩（今川義元）・阿弥陀如来（松井宗信）と岡部五郎兵衛元信が松井宗信の胴体を埋め、目印に置いた手水鉢の三つを一セットとして九十三セットと、一段高い石の上に阿弥陀如来と、もう少し高い石の上に座禅を組まれている地蔵菩薩が立てられています。

其の二＝高徳院の境内の数カ所に、赤い前掛けをしている石仏と四角い石が多く並んでいます。義元は生きていて、高徳院の住職をしていました。赤い前掛けをしている阿弥陀如来（松井宗信）と胴塚に目印に置いた手水鉢が二つセットになって多く並んでいます。

門を出た左側にも、赤い前掛けをかけた石仏と四角い石が道なりに十数セット程並んでいました。数えてはいませんが、義元が生きていた年の数程あると思っています。

其の三＝東向寺の裏の山道の洞窟の中に潜む髭を生やした男性の姿（像）

と、今川義元が長福寺の裏山の洞狭間の洞窟の中に潜み、たった一人で生活をしていた姿がぴったり重なります。

其の四＝東京の杉並区にある長延寺は、一時期今川家の菩提寺でした。この寺にある今川家の墓石には、「今川家累世墓」と今の字が裏文字になっています。

今川の「今」の字が逆になっている長延寺の墓石

今川義元は四十二歳の時、桶狭間の戦いで戦死したのではなく、長福寺の裏山の洞ケ挟間にある洞窟に逃れ、織田信長が本能寺で亡くなった後に、高徳院の住職として九十四歳以後まで生きていました。そのことを後世の人たちに無言で伝えるために、墓石にそんな細工をしたのではなかったかと気付きました。

其の五＝愛知県春日井市にある密蔵院の多宝塔の裳階の飾りの蓮華の花が逆さまに取り付けられていました。また塔の屋根が禅宗風にそり返っていました。本堂には高僧達の紫色の着衣が並べられていて、虫干しをされていました。これらのことを考察してみますと、密蔵院は禅宗の寺と判断できます。裳階の蓮華の花を逆さまに取り付けることで、今川義元が桶狭間の戦いで戦死したように扱われていることを否定する意味が込められていると解釈しました。密蔵院は無住の寺で、町内の人たちが管理されているようです。

其の六＝今川義元は高徳院で高僧になり長生きしました。九十四歳の秋に高徳院の情景を七言絶句で書いた漢詩の掛け軸があります。その掛け軸の落款を読み取ることを試み、その結果は次のようでした。

掛け軸の右肩には「交字禅」の印が押されていて、字で禅と交わっていると読めました。真言宗の寺の住職をしている義元でしたが、若いころに善得寺を初め建仁寺や妙心寺で禅の教義を身に付けていましたので、真言宗の高徳院で書いた書に「字で禅と交わる」との印を押しています。

徳山人の雅号のすぐ下にある落款は、「洞窟まで連れて来られたった一人置き去りにされた。入り口まで追いかけて行き叫んだ。山中にたった一人潜む」と読めました。そしてその下の落款は、「生涯一片青山」。「この世にたった一人で生きてきたが、ここが骨を埋めるところだ」と読めました。高徳院にはたくさんの僧侶がいたと思いますが、義元の心の世界は孤独で、安らぎを与えてくれる人はいなかったようです。「生涯一片青山」は、義元の死に際の心境だったと思います。

私が調べて確認がとれたのはこの六点でした。まだ何処かにそれを証明するものが、ひっそりと残っているかも知れません。

今川義元の真実の人生を、歴史に残して欲しいと願って止みません。
氏親が今川家の九代、氏輝が十代、義元が十一代、氏真（宗誾）が十二代。

第七章　今川十三代から二十六代までの略年譜

これから今川家を代々受け継いできた人たちの事蹟を、二十六代まで書いていきます。

十三代となるべき氏真（宗誾）の嫡男・範以は、慶長十二（一六〇七）年十一月二十七日、父に先立って三十八歳で亡くなりました。

十三代・直房《なおふさ》の略年譜

文禄三（一五九四）年、今川範以の嫡子として京で生まれる。初名は範英《のりひで》。生母は三河の武将・吉良義安の娘。父・範以没後は、祖父の氏真に養育される。

慶長十六（一六一一）年＝十二月、初めて台徳院殿（徳川秀忠）に出仕。後に祖父・氏真の跡を継ぐ。

寛永十一（一六三四）年＝六月九日、大猷院（三代将軍・家光）の上洛時に、迎えの任を賜り、先導して入京する。

寛永十三（一六三六）年＝一二月二十九日、奥高家（高家とは江戸幕府の

職名　幕府の儀式、典礼、朝廷への使節、伊勢神宮、日光東照宮への代参、勅使の摂待、朝廷との諸事を承る家格）となり、この日従五位下侍従に叙任され刑部大輔と称する。のち御衣紋のことを承り、出後の時は御太刀あるいは御腰物の役を務める。

寛永十八（一六四一）年＝八月二十八日、後水尾上皇のとき御使いを賜り上洛。のちまた御使いにされて水戸に赴く。

正保元（一六四四）年＝琉球の聘使の日光山参拝に同行する。

正保二（一六四五）年＝東照大権現宮号宣下に関して禁裏（朝廷）への御使いとなり、十月十七日、江戸に戻ってそのことを報告。武蔵国多摩豊島二郡の中で新たに五百石を賜り、合わせて千石を知行するようになる。十一月十一日、朝廷の勅使と共に日光山を参拝する。

正保三（一六四六）年＝五月三日、上使となり仙洞の御所に赴き、後水尾上皇の快気祝いに列する。七月十日～八月十六日、日光東照宮への例幣使派遣謝使となる。八月朔日、従四位下昇進。これよりのちも、しばしば御使いを賜り、上京する。

慶安元（一六四八）年＝四月十五日〜四月二十日、徳川家康の三十三回忌法会に列席。

慶安四（一六五一）年＝正月十四日〜二月十三日、年賀年首の御使いを務める。

承応元（一六五二）年＝正月六日、朝廷へ年賀の御使い。

承応二（一六五三）年＝九月二十一日、四代将軍・徳川家綱御転任のことを謝するため、保科肥後守正之と共に上洛。十月二十八日、左近衛少将に昇進する。

承応三（一六五四）年＝十一月十六日〜十二月十四日、花町宮（後西天皇）親王即位の賀御使いを務める。

明暦元（一六五五）年＝十二月朔日、禁裏（朝廷）告竣の賀使いを務める。

万治元（一六五八）年＝四月十三日〜五月十三日、明正上皇酒場式の賀使いを務める。

万治四（一六六一）年＝正月二十七日～三月十日、皇居炎上にお見舞い。

寛文元（一六六一）年＝十一月二十四日、死去。享年六十八歳。法名「浄岑院殿松山青公大居士」。妻は立花飛騨守宗茂の養女。

十四代・氏堯《うじなり》の略年譜

十三代・今川直房の子・範明、範興が早世したため養子に迎えられ、十四代当主となる。実父は高家・吉良義弥《よしみつ》の次男で旗本の岡山弥清《みつきよ》。生母は旗本・品川新六郎高久の娘。高久は今川氏真（宗誾）の次男で、高家・品川家の祖。

万治元（一六五八）年＝八月五日、初めて厳有院殿（家綱）に拝謁する。

寛文元（一六六一）年＝十二月十日、今川の家督を継ぐ。

寛文六（一六六六）年＝六月十九日、遠祖・今川範忠（七代）の戦功により室町六代将軍・足利義教《よしのり》が今川の名字を嫡家に限るとした故事にちなみ、将軍・家綱が今川の名字を名乗るのを氏堯の家に限るよう命じる。

延宝元（一六七三）年＝十一月十五日、死去。享年三十二歳。法名「慈雲院殿覚法光性大居士」。妻は下総古河藩三代藩主・土井利重の娘。

十五代・氏睦《うじみち》の略年譜

延宝元（一六七三）年＝十二月十一日、今川氏堯の死去により末期養子となり、家督を継ぐ。実父は同族の旗本・品川高寛。母は某氏。

延宝三（一六七五）年＝十月七日、初めて厳有院殿（家綱）に拝謁する。

元禄元（一六八八）年＝十一月十四日、奥高家となる。十二月十五日、従五位下侍従に叙任し、刑部大輔と称す。

元禄二（一六八九）年＝正月十五日、小姓となる。同月二十六日、奥高家に復する。

元禄六（一六九三）年＝十月十三日、また小姓に移る。十一月二十三日、再び表高家に列す。

元禄十二（一六九九）年＝六月二十五日、死去。享年三十二歳。法名「高徳院殿傑堂英公大居士」。妻は旗本・北条氏平の娘。

十六代・範高の略年譜

元禄十二（一六九九）年＝六月二十五日、今川氏睦の死去により六歳で末期養子となり、家督を継ぎ、表高家に列する。実父は同族の高家旗本で高家肝煎《きもいり》（頭分）を務めた品川伊氏《これうじ》。生母は寄合旗本・蒔田定行の娘。

宝永元（一七〇四）年＝十二月十一日、初めて常憲院殿（五代将軍・綱吉）に拝謁。

正徳二（一七一二）年＝二月十五日、死去。享年十九歳。法名「乾功院殿仁岳宗寛大居士」。妻は高家旗本・畠山義寧《よしやす》の娘。

十七代・範主の略年譜

宝永七（一七一〇）年＝十一月二十八日、十三歳で初めて文昭院殿（六代将軍・家宣）に拝謁する。

正徳二（一七一二）年＝五月二十六日、兄・今川範高の死去により末期養子となり、家督を継ぎ、表高家に列する。実父は品川伊氏。生母は蒔田定行の娘。

享保十三（一七二八）年＝六月二十八日、死去。享年三十一歳。法名「浄修院殿功山源英大居士」。正室なし。

十八代・範彦の略年譜

享保十三（一七二八）年＝九月二十五日、父・今川範主の死去により十三歳で家督を相続する。

享保十七（一七三二）年＝三月二十八日、初めて有徳院（八代将軍・吉宗）に拝謁する。

寛延二（一七四九）年＝七月五日、死去。享年三十四歳。法名「寂照院殿清岸浄空大居士」。妻は寄合旗本・秋月種輔《たねすけ》の娘。

十九代・義泰《よしやす》の略年譜

享保十六（一七三一）年＝十七代・今川範主の三男として生まれる。

寛延二（一七四九）年＝十月八日、養子となっていた兄・範彦の死去により家督を継ぐ。十一月二十八日、初めて惇信院（九代将軍・家重）に拝謁する。

宝暦十二（一七六二）年＝八月十五日、奥高家となり従五位下侍従に叙任され丹後守と称する。

明和二（一七六五）年＝三月晦日、久能山御宮正遷宮に関し、駿河へ赴く。

安永四（一七七五）年＝七月九日、務めを辞す。

天明四（一七八四）年＝閏正月十八日、死去。享年五十四歳。法名「仰高院殿徳峰覧威大居士」。妻は下野《しもつけ》喜連川《きつれがわ》藩大名・喜連川督茂氏の娘。

二十代・義彰《よしあき》の略年譜

宝暦六（一七五六）年＝十九代・今川義泰の嫡男として生まれる。母は某氏。

安永二（一七七三）年＝八月十五日、初めて浚明院殿（十代将軍・家治）に拝謁する。

天明四（一七八四）年＝四月五日、二十九歳で家督を継ぐ。

文化十四（一八一七）年＝三月十一日～四月二十八日、光格天皇譲位、仁孝天皇受禅の賀使い。十二代将軍・家慶の名代も兼ねる。

文政元（一八一八）年＝八月十一日、死去。享年六十三歳。法名「賢亮院殿英忠雄威大居士」。妻は旗本・小笠原政方の娘。

二十一代・義用《よしもち》の略年譜

天明六（一七八六）年＝二十代・今川義彰の嫡男として生まれる。母は小笠原政方の娘。

文化五年（一八〇八）年＝十二月朔日、十一代将軍・徳川家斉に初めて拝謁する。

文政元（一八一八）年＝十一月四日、父・義彰の死去により家督を継ぐ。

文政十二（一八二九）年＝三月二十九日〜五月十四日、一橋治済《はるさだ》（十一代将軍・家斉の父）贈官の謝使を務める。

天保八（一八三七）年＝九月七日〜十一月二十三日、実定兼任（大納言兼右大将）により同人の謝使を務める。

天保十（一八三九）年＝十二月二十八日、死去。享年五十四歳。法名「寛隆院殿仁山良義大居士」。妻は美濃高富藩主・本庄道昌の娘。

二十二代・義順《よしより》の略年譜

文化七（一八一〇）年＝二十一代・今川義用の嫡男として生まれる。母は某氏。幼名は彦松で、以後太郎、彦三郎と改名。

天保元年（一八三〇）年＝二月十四日、十一代将軍・徳川家斉に初めて拝謁する。

天保十一（一八四〇）年＝四月四日、前年に死去した父・義用の家督を継ぐ。

天保十二（一八四一）年＝五月九日、死去。享年三十二歳。法名「瑞龍院殿浤雲自昇大居士」。妻は肥前平戸藩主・松浦清《まつらきよし》の娘。

二十三代・範叙《のりのぶ》の略年表

文政十二（一八二九）年＝二十二代・今川義順の三男として生まれる。生母は肥前平戸藩主・松浦清の娘。

天保十二（一八四一）年＝八月四日、父・義順の死去により家督を継ぐ。

嘉永二（一八四九）年＝十一月十五日、十二代将軍・徳川家慶に初めて拝謁する。

安政元（一八五四）＝四月十一日〜五月八日、御所炎上見舞いのため京都御使を務める。

慶応三（一八六七）年＝新政府との交渉、徳川慶喜の歎願運動にあたる。

慶応四（一八六八）年＝二月二十五日、高家職はそのままに若年寄に就任する。四月五日、若年寄を解任される。

維新後、範叙は、新政府に帰順して朝臣となることを選んだ。

幕臣から離れたころ、敦賀市願成寺の住職・智海が亡くなり、範叙は葬式に参列した。そこで智海の子・兵衛に会い、この人に家督を託す決心をする。

明治五（一八七二）年＝六月、嫡子・淑人を失う。

明治二十（一八八七）年＝十一月三日、死去。享年五十八歳。法名「深信院殿随喜日徳大居士」。

二十四代・兵衛の略年譜

敦賀市願浄寺の僧侶でしたので、還俗して願浄寺の前に屋敷を建て、二十四代目の今川になりました。身分は士族。

範叙から引き継いだ今川宗家の土地は、多摩に千石と江州（近江）に五百石、合わせて千五百石でしたが、時代の流れの中、管理は困難を極め、心労のあまり病に伏しました。

明治二十六（一八九三）年＝六月二十四日、死去。法名「釋教順」。

二十五代・吉之助の略年譜

吉之助は幼くして家督を継ぎました。

躾親として近所の女性が、今川家に入りました。その女性の父親が今川家の土地と家の権利書を持ち出しました。

吉之助は何もわからないまま成人し、京都の鹿ケ谷で所帯を持ちました。

昭和四（一九二九）年＝十二月五日、死去。法名「良岳浄真禅定門」。

二十六代・新吉の略年譜

明治四十（一九〇七）年＝吉之助の嫡男として生まれる。母はトミ。

昭和四（一九二九）年＝父・吉之助の死去により、家督を継ぐ。

昭和二十二（一九四七）年＝戸籍法が変わり、新吉は三十九歳で士族から平民になりました。

今川家に伝わってきた千五百石の土地は、兵衛から吉之助に伝えられませんでした。

新吉は父の吉之助から敦賀に土地と家があることを聞いていましたから、敦賀に行き調べましたが、何もわからず仕舞いでした。

昭和五十九（一九八四）年＝七十七歳で死去。法名「光福院春覚浄園居士」。

妻はタケ。

おわりに

今川家の来し方を時には大きく脱線しましたが、二十六代まで書いてきました。

最後に雑多なことを補足として述べさせていただきます。

高家時代に江戸幕府から賜った土地千五百石は、二十四代・兵衛から伝わってきませんでしたが、私がこの文章を書いていく過程で、高家時代に江戸の多摩に五百石＋五百石、近江に五百石、合わせて千五百石あったことがわかりました。

足利が絶え吉良が絶えれば、今川が継ぐと言われてきました。

最後の将軍となった足利義昭が、元亀四（一五七三）年に織田信長によって京から追放され足利幕府は滅びましたが、明智光秀が再興しようとして失敗しました。

吉良義央《よしひさ》（上野介《こうずけのすけ》）は、江戸城の松の廊下で浅野長矩《ながのり》（内匠頭《たくみのかみ》）に刃傷沙汰を起こされ（元禄赤穂事件）、喧嘩両成敗でお家取潰しとなり吉良家も滅びました。

足利家と吉良家は今川が継ぐと解釈できます。

今川義元が目指してきた開幕府を、今川氏真の協力を得て、徳川家康が実現しました。家康は、その時代の覇者に逆らうことはしないで、目的を胸に秘め邪魔者を排除し時期が来るまで待ち、妙心寺の高僧に天皇への取次ぎを期待します。しかし、妙心寺の高僧は家康の期待には応えてくれませんでした。最後に氏真（宗誾）に頼んで天皇への取次ぎをしてもらっています。氏真（宗誾）が開幕府に協力したのは、それまでの家康の援助に対してお礼の意味もあったことでしょう。

今川家のルーツと、今川義元が源氏であることを証明するために、清和天皇から書いてきました。

拙い文章を書いてきましたが、今川義元が九十四歳以後まで生きていて、絶筆の掛け軸を書き残したことを、「桶狭間の戦い」の真実として、歴史の記録を改めてくださることを願って止みません。

今川義元が九十四歳の秋に書いた七言絶句の漢詩の掛け軸と、南禅寺の門主をしていた今川宗誾が、藤原氏の依頼により僧・宣長の絵に、七十五歳の時に「賛」を書いた掛け軸は、平成二十六（二〇一四）年五月、東京都の国立博物館に寄贈して参りました。

（了）

【参考文献および参考資料】

執筆にあたり、左記の文献を参考にし、また一部を引用させていただきました。感謝の言葉を記させていただきます。

①『今川家と観泉寺（今川氏真開基の寺）』（観泉寺史刊行委員会／吉川弘文館／一九七四年）
②『信長公記』（太田牛一／桑田忠親校注／新人物往来社／一九九七年）
③『今川義元』（小和田哲男／ミネルヴァ書房／二〇〇四年）
④『今川義元のすべて』（小和田哲男／新人物往来社／一九九四年）
⑤『義元謀殺（上）』（鈴木英治／角川春樹事務所／二〇〇〇年）
⑥『大徳寺の名宝』曝涼品図録（大本山大徳寺／便利堂／一九九七年）
⑦『寛政重修諸家譜第二』（太田義麿／続群書類従完成会／一九六五年）
⑧『徳川諸家系譜第一』（太田義麿／続群書類従完成会／一九七一年）

⑨『京都発見㈧禅と室町文化』（梅原猛／新潮社／二〇〇四年）
⑩『歴代天皇総覧』（笠原英彦／中央公論新社／二〇〇一年）
⑪『日本戦史 桶狭間役』（参謀本部編／村田書店／一九六一年）
⑫『京都の「不思議」を楽しむ本』（京都の達人倶楽部／KKロングセラーズ／二〇一五年）

その他

①梶野渡会長「桶狭間の戦いを学ぶ会」の資料多数、徳川実紀のコピー
②敦賀市願浄寺の「過去帳」写し
③敦賀市役所「今川家の戸籍謄本」
④「妙心寺僧侶だより」コピー
⑤歴代今川家の法名コピー（東京都文化財保護課）
⑥光秀密書の原本発見記事（『毎日新聞』二〇一七年九月十二日）
⑦『新説 桶狭間の戦いとその後の今川宗家〈峠地蔵の一人語り〉』（梅垣牧／

自費製本）
⑧「その時歴史が動いた」（ＮＨＫ）
⑨ＮＨＫ大河ドラマのナレーション

著者プロフィール

梅垣 牧（うめがき まき）

昭和18（1943）年生まれ
京都府立洛北高校卒業
日立家庭電器（現 日立家電事業部）京都営業所勤務
愛知県在住
「桶狭間の戦いを学ぶ会」に入会
『新説桶狭間の戦いとその後の今川家（峠地蔵の一人語り）』を自費製本し、所属の会の人達や所望された方に無料配布
現在に至る

「桶狭間の戦い」の真実

—今川義元・氏真の終焉の地／その後の今川宗家—

2021年９月15日　初版第１刷発行

著　者　梅垣 牧
発行者　瓜谷 綱延
発行所　株式会社文芸社
〒160-0022 東京都新宿区新宿1－10－1
電話 03-5369-3060（代表）
03-5369-2299（販売）

印刷所　株式会社エーヴィスシステムズ

©UMEGAKI Maki 2021 Printed in Japan
乱丁本・落丁本はお手数ですが小社販売部宛にお送りください。
送料小社負担にてお取り替えいたします。
本書の一部、あるいは全部を無断で複写・複製・転載・放映、データ配信することは、法律で認められた場合を除き、著作権の侵害となります。

ISBN978-4-286-22961-4